Inhalt

Die besten Witze

Medial
Verlag

Die Deutsche Bibliothek – CIP-Einheitsaufnahme

Gaudimax : die besten Witze. – Wien : Medial-Verl., 1991
  ISBN 3-8000-3398-4

AU/204/3
Umschlag von Beate Dorfinger
Cartoons von Wilfried Dietl
Copyright © 1991 by Medial Verlag im Verlag Carl Ueberreuter, Wien
Printed in Austria

Vorwort

Kennen Sie den? Dies ist wohl die am häufigsten gestellte Alltagsfrage. Deshalb setzen Programmzeitschriften und Tageszeitungen gleichermaßen auf ihn – den Witz.

Nur das Fernsehen hielt sich bisher schamhaft-dezent zurück. Warum – fragten wir uns in den Unterhaltungsredaktionen von BR und ORF – sollte ausgerechnet für die ureigenste Form menschlicher Kommunikation, am Stammtisch wie am Arbeitsplatz, kein Raum im populärsten Medium sein?

Wohl wissend, daß die Chefintellektuellen unter den Kritikern die Nase rümpfen würden, entschlossen wir uns zur einfachsten Form der Fernsehunterhaltung – zu »Gaudimax«, einem alpenländischen Witzewettstreit. Wir glaubten, der leise hintergründige Humor der Schweizer, der charmante Schmäh der Österreicher und die rustikalen Zwerchfellattacken der Bayern, all dies würde eine gute Mischung geben. Witz auf Witz, aus unterschiedlichen Themenbereichen, auf vier Spielrunden verteilt, durch von Prominenten erzählte Zuschauerwitze gewürzt, beurteilt durch die Applausstärke des Publikums –

unseren TV-Zuschauern gefiel's. Vor allem unsere »Gaudiatoren«, die Witze nicht nur erzählten, sondern präsentierten.

Doch was hilft der lustigste Witz, wenn man sich dann fragen muß: »Verflixt noch mal, wie ging der gleich?« Sollten Sie also, wie ich, zu denen gehören, die sich Witze partout nicht merken können, oder aber nur noch einmal über alle Witze aus unseren dreizehn »Gaudimax«-Folgen schmunzeln wollen – dann ist dieses Büchlein genau das richtige für Sie.

In diesem Sinne wünscht beste Unterhaltung

Ihr

Gerd Rubenbauer

(Gaudimax)

Liebe und Ehe

Ein Mann kommt von einem Fest zurück: »Du«, erzählt er seiner Frau, »das Fest war toll, sogar ein goldenes Klo hatten die.« Die Frau kann das kaum glauben: »Ein goldenes Klo! Das will ich sehen.« Sie fahren hin, klingeln, die Hausfrau macht auf.

»Entschuldigung, ich war gestern bei Ihnen zu Gast und wollte meiner Frau Ihr goldenes Klo zeigen.«

»Du, Hubert«, ruft die Frau ins Wohnzimmer, »da ist der Kerl, der gestern in deine Tuba gemacht hat!«

Ein kleiner Junge und ein kleines Mädchen liegen auf der Entbindungsstation im Krankenhaus.

»Weißt du, woran man erkennen kann, daß ich ein Bub bin?«

»Nein, woran denn?«

Langsam und theatralisch schlägt der Kleine seine Bettdecke zurück. »Na, weißt du's jetzt?«

»Nein, so sag doch schon!«

»Ganz klar, ich hab blaue Söckchen an!«

Ein Ehepaar feiert goldene Hochzeit.

»Du, Karl«, meint sie mit zittriger Stimme, »weißt noch, wie es früher war?«

»Jaja, freilich weiß ich's noch.«

»Stark warst damals, Karl, so stark, du hast mich einfach gepackt und auf den Zaun gehoben und dann . . .

Du, Karl, das könnten wir doch noch einmal so machen . . .«

Die beiden gehen hinter das Haus, er hebt sie auf den Zaun.

Ein Zittern geht durch ihren Körper.

»Ja Mitzi«, ruft er, »was ist denn los, früher warst ja gar nie so feurig!«

»Trottel«, schreit sie, »früher war auch der Zaun noch nicht elektrisch!«

Drei kleine Buben aus Frankreich, Deutschland und der Schweiz unterhalten sich darüber, wo die Babys herkommen. Der französische Bub erklärt: »Das kommt von der Erotik.« Der deutsche Bub sagt: »Bei uns bringt der Storch die Babys.«

Meint der Bub aus der Schweiz: »Also, bei uns ist das von Kanton zu Kanton verschieden!«

∎

Eine Schülerin hat einen Termin bei der Berufsberaterin.

»Wie wäre es mit Stewardeß«, fragt die Dame. »Nicht übel, das wäre sicherlich ein guter Weg, Männer kennenzulernen.« – »Das sollte aber doch nicht der Hauptgrund für Ihre Wahl sein, Männer können Sie doch in jedem Beruf kennenlernen.« – »Das schon«, entgegnet das Mädchen, »aber dann sind sie nicht angeschnallt.«

Eine Eisbärfamilie – Eisbärpapa, Eisbärmama und Eisbärjunges – sitzt auf einer Eisscholle.
»Du, Mami«, fragt das Eisbärbaby, »wer war denn mein Papa?« – »Sei doch nicht so dumm, Liebling, dein Papa ist der Eisbär, der da sitzt.« – »Du, Mami, wer war denn mein Opa?« – »Das weißt du doch, der Papa von deinem Papa.« Der kleine Eisbär fragt weiter nach Ahnen und Urahnen, die Mutter bestätigt, daß in der gesamten Familienchronik immer nur Eisbären auftauchen. »Aber warum willst du denn das so genau wissen?« – »Ach, Mami«, meint der Kleine, »ich kann mir nicht helfen, aber mir ist so unheimlich kalt!«

Frau Sedlmair kommt von der Kur nach Hause. Ihr Mann, ihr Sohn und ein wunderschönes Kindermädchen holen sie vom Bahnhof ab. Als die Mama mit ihrem Sohn allein ist, fragt sie: »Na, hab ich euch denn auch gefehlt? Wie war's denn?«
Der Kleine berichtet begeistert, wie lieb der Papa zu dem neuen Kindermädchen war, da unterbricht die Mutter: »Weißt du was, das erzählst du alles nachher vor der ganzen Familie beim Abendessen.«
Später, bei Tisch, erzählt der Junge noch einmal seine Geschichte: ». . . und dann hat der Papa das Kindermädchen ins Schlafzimmer getragen und die Tür zugemacht. Aber ich hab durch's Schlüsselloch geschaut.« – »Und weiter«, fragt die Mama triumphierend. »Dann hat der Papa mit dem Kindermädchen das gleiche gemacht wie du mit dem Onkel Gustav, als der Papa in Paris war.«

Ein Bauer bestellt beim Bayerischen Rundfunk eine Symphonie zum Hochzeitstag. »a-Moll oder c-Moll«, wird er gefragt. Antwortet der Bauer: »Amol reicht, zehnmol wär a bißl vü!«

■

Fritz muß als Hausaufgabe drei Sätze mit »wahrscheinlich« schreiben. Er überlegt, schaut aus dem Fenster und schreibt, was er sieht: »Die Magd geht in den Stall. Wahrscheinlich melkt sie die Kühe.« – »Der Knecht geht in den Stall. Wahrscheinlich hilft er der Magd.« Er geht in den Stall, um nachzusehen, sieht die beiden aufeinander liegen und schreibt: »Die Magd ist tot, der Knecht liegt auf ihr drauf. Er wackelt mit dem Hintern, wahrscheinlich stirbt er auch.«

Rotkäppchen trifft den Wolf und überredet ihn, ihr noch drei Wünsche zu erfüllen, bevor er sie auffrißt. Der Wolf willigt ein, und Rotkäppchen wünscht sich, mit ihm Liebe zu machen. Das macht ihr so viel Spaß, daß sie sich als zweiten und dritten Wunsch das gleiche erbittet. Dem alten Wolf ist das alles ein bißchen zu viel, er bricht nach dem dritten Mal vor Erschöpfung tot zusammen. Das sieht der Förster. Er droht Rotkäppchen mit dem Finger und sagt: »Rotkäppchen, Rotkäppchen! Das ist in dieser Woche schon der dritte tote Wolf!«

■

Der Lehrer fragt im Biologieunterricht ein Mädchen, was beim Menschen im Zustand der Erregung sechsmal größer wird. Das Mädchen errötet und verweigert die Antwort.
»Gut«, sagt der Lehrer, »das ist die Pupille. Und Ihnen, mein liebes Fräulein, gebe ich einen Ratschlag: Gehen Sie nicht mit zu großen Erwartungen in die Ehe . . .«

Da durfte einmal ein kleiner Indianerjunge bei seiner Mutter schlafen, und weil er nicht schlafen konnte, hat er sie einiges gefragt. »Du, Mutter, warum heißt eigentlich mein Vater ›Großer Hirsch‹?« Antwortete die Mutter: »Er heißt Großer Hirsch, weil er in seiner Jugend einmal einen großen Hirsch erlegt hat.« – »Und warum heißt mein Bruder ›Rote Sonne‹?« – »Weil, als dein Bruder geboren wurde, die Sonne besonders rot am Himmel stand.« – »Und meine Schwester, warum heißt die ›Goldenes Maisfeld‹?« – »Weil dein Vater und ich in einem Maisfeld lagen, als wir uns einmal besonders lieb gehabt haben. So, und jetzt schlaf endlich, ›Geplatzter Gummi‹!«

Ein frisch verheirateter Mann trifft seinen Freund. »Na«, fragt der, »du warst ja lang nicht mehr beim Stammtisch. Hat deine Frau schon einen Pantoffelhelden aus dir gemacht?« – »Ach, was soll ich nur machen?« seufzt der andere. »Kannst du mir keinen Rat geben?« Meint der Freund: »Paß auf, heute abend zeigst du endlich einmal, wer der Herr im Haus ist, und schlägst alles kurz und klein. Nachher kommst du zum Stammtisch.«
Als der Ehemann strahlend beim Stammtisch erscheint, fragt sein Freund: »Na, hast du alles zusammengeschlagen?« – »O ja!« – »Und was hat deine Frau dazu gesagt?« – »Nichts, die macht gerade Urlaub . . .«

∎

Sagt er zu ihr: »Laß uns in den Wald gehen.« Sagt sie: »Ich kenne dich doch, du Fernsehnarr! Ich weiß schon, was du willst: Erst suchst du den Platz an der Sonne – dann folgt ein Spiel ohne Grenzen – und dann kommt der goldene Schuß – und ich sitze da mit der Aktion Sorgenkind!«

13

Ein Russe, ein Franzose und ein Preuße sprechen über die Liebe.

»Bei uns«, sagt der Russe, »trinkt man Wodka, tanzt mit den Frauen und küßt sie auf den Mund.«

»Und bei uns«, sagt der Franzose, »wir trinken Champagner und küssen Frauen auf roten Mund und trinken wieder Champagner und küssen runde Brüste.«

Da unterbricht ihn der Preuße: »Sachen Se mal, jet det mit Bier och?«

■

Klassentreffen. Man unterhält sich, erzählt, was man die letzten Jahre so getrieben hat. Alle sind gekommen, bis auf den Meier. »Der Meier kann nicht kommen, seine Frau liegt auf der Entbindungsstation, und er schaut zu Hause auf die zehn Kinder!«

»Typisch Meier«, knurrt da einer, »der hat schon in der Schule nicht aufpassen können . . .«

Ein Mädchen möchte heiraten. Sie geht zu ihrer Mutter: »Du, was soll ich denn in der Hochzeitsnacht anziehen?« Sagt die Mutter: »Am besten ein schönes Spitzennachthemd.« Dem Mädchen genügt das nicht, sie fragt ihre Tante: »Sag, was soll ich denn in der Hochzeitsnacht anziehen?« Sagt die Tante: »Am besten ein kurzes Babydoll.« Das Mädchen ist noch immer unsicher. Also fragt sie die Großmutter: »Sag, Omi, was soll ich denn in der Hochzeitsnacht anziehen?« – »Die Knie, Madl, die Knie!«

Eine Frau will sich scheiden lassen. Ihr Anwalt fragt sie nach dem Scheidungsgrund. »Trinkt er?« – »Nein, keinen Tropfen.« – »Gibt er Ihnen kein Haushaltsgeld?« – »Doch, doch, er ist sehr großzügig.« – »Und wie steht es mit der ehelichen Treue?« – »O ja, an diesem Punkt könnten wir ihn packen, das letzte Kind ist nicht von ihm!«

Zwei befreundete Juristen. Eines Tages kommt der eine dahinter, daß ihn seine Frau mit dem anderen betrügt. Er stellt den Freund zur Rede und meint:

»Da das Delikt im vorderen Zimmer mit Blick auf See begangen wurde, wäre in diesem Falle das Seerecht anzuwenden, das da besagt: Wer in fremden Gewässern fischt, dem ist die Rute abzunehmen.«

Darauf der andere: »Der Tatbestand ist richtig, nur die Örtlichkeiten stimmen nicht. Da es sich im hinteren Zimmer mit Blick auf die Berge zugetragen hat, ist das Landrecht anzuwenden, welches besagt: Wer auf fremdem Boden sät, dem ist wohl der Samen zu vergüten, die Frucht jedoch gehört dem Eigentümer!«

Ein junges Ehepaar geht in den Zoo. Vor dem Gorillagehege bemerken die beiden, daß sich das Gorillamännchen ganz besonders für den Ausschnitt der jungen Dame interessiert. Die findet das sehr erheiternd und beginnt lasziv mit den Hüften zu wackeln. Der Gorilla wird immer nervöser. Dann knöpft sie ihre Bluse auf. Der Gorilla tobt. Schließlich hebt sie ihren Rock. Der Gorilla ist nicht mehr zu bremsen, biegt die Gitterstäbe auseinander und rennt auf die Frau zu. »Was soll ich denn jetzt machen«, schreit sie verzweifelt. »Mach's doch wie immer«, schlägt der Mann vor, »sag ihm, du hast Migräne oder große Wäsche . . .«

Eine Dame befindet sich auf dem Rückflug von einem Nymphomaninnen-Kongreß in New York. Während des mehrstündigen Fluges kommt sie mit ihrem Nachbarn ins Gespräch. Sie berichtet: »Ich komme gerade von einem Symposium in New York. Es war hochinteressant. Man hat uns erzählt, welche Männer die besten Liebhaber der Welt sind.« Der Mann fragt erstaunt: »Und wer liebt am besten von uns Männern?« – »Die Juden und die Indianer«, sagt die Frau. Entgegnet der Mann: »Oh, gestatten Sie mir, daß ich mich vorstelle. Mein Name ist Winnetou Goldberg!«

Ein Handlungsreisender leidet beim Autofahren unter ständigen Kreuzschmerzen. Der Doktor rät ihm, häufig Pausen einzulegen und Liegestütze zu machen. Der Mann macht das ein paarmal, aber als die anderen Autofahrer grinsend zuschauen, sucht er schließlich einen verschwiegenen Rastplatz auf. Dort beobachtet ihn ein Amerikaner. Nach einer Weile geht er zu dem Mann, tippt ihm auf die Schulter und sagt: »Hey, boy, Frollein nix mehr da!«

Ein älteres Ehepaar macht Urlaub in den Bergen auf einem Bauernhof. Dort sieht die Frau, wie der Hahn hinter der Henne herläuft. Sie geht zum Bauern und fragt ihn: »Wie oft macht es denn der Hahn mit der Henne am Tag?« – »So vier- bis fünfmal am Tag«, antwortet der Bauer. »Na siehste«, sagt die Frau zu ihrem Mann. »Und wie viele Hennen hat so ein Hahn?« will darauf der Mann vom Bauern wissen. »Na, so 15 bis 20 Stück.« – Sagt der Mann zu seiner Frau: »Na siehste!«

Eine Frau geht zum Arzt und läßt sich gründlich untersuchen.

Der Arzt untersucht sie, schüttelt den Kopf, untersucht weiter, schüttelt wieder den Kopf.

Sagt die Frau: »Herr Doktor, was ist denn los?«

Sagt der Arzt: »Aus der Karteikarte ersehe ich, daß Sie dreimal verheiratet waren, Sie sind aber noch Jungfrau. Wie kommt das?«

Sagt die Frau: »Der erste Mann war Musiker, der hat bloß gespielt, der zweite war Architekt, der hat nur geplant, und der dritte war ein Beamter, der hat immer gesagt: ›Das machen wir morgen.‹«

Ein kleiner Bub wünscht sich nichts sehnlicher als ein Fahrrad. Aber die Mutter sagt: »Nein, mein Schatz, wir können dir kein Fahrrad kaufen, dazu fehlt uns zur Zeit das Geld.« Da ist der Bub ganz traurig und weint. Um ihn zu trösten, sagt die Mutter: »Paß auf, wir spielen etwas zusammen, und du darfst dir aussuchen, was.« Sagt der Bub: »Bitte, laß uns Vater und Mutter spielen, und du mußt ins Schlafzimmer gehen und dich ins Bett legen.« Die Mutter geht ins Schlafzimmer, zieht sich aus, legt sich ins Bett und wundert sich, was ihr Sohn vorhat. Der kommt ins Zimmer, hat den Mantel vom Vater übergeworfen, seinen Hut aufgesetzt und ruft: »He, Alte, steh auf! Wir fahren in die Stadt und kaufen dem Bub ein Fahrrad.«

Der Sohn quält seit Tagen seinen Vater: »Papa, gehen wir in den Zirkus?« – »Nein«, sagt der Vater.
»Bitte, bitte, gehen wir!« – »Nein!« – »Du, Papa, da soll eine nackte Frau auf einem Tiger reiten!« – »Gut, gehen wir«, sagt daraufhin der Vater, »ich habe schon lange keinen Tiger mehr gesehen.«

∎

Die Tochter schluchzt herzzerreißend. »Komm«, sagt der Vater beruhigend, »erzähl doch, was los ist, mit mir kannst du doch über alles reden!« Endlich rückt die Tochter mit der Wahrheit heraus: Sie ist schwanger. »Das ist doch nicht so schlimm«, tröstet der Vater, »wer ist es denn?« – »Ein Ausländer«, weint das Mädchen. »Und wie heißt er?« – »I'm sorry!«

Zwei Tiroler treffen einander, sagt der eine zum anderen: »Wie geht's dir denn?« Sagt der andere: »Gut.« – »Wie lang bist denn schon verheiratet?« – »Zehn Jahre.« – »Das ist aber gut.« – »Gut ist das auch nicht, sie ist wahnsinnig geizig.« – »Das ist aber schlecht.« – »So schlecht ist das aber auch nicht, sie hat sehr viel Geld gespart, da haben wir ein großes Haus gebaut.« – »Das ist aber gut.« – »Na, so gut ist das auch nicht, das Haus ist heute abend abgebrannt.« – »Das ist aber schlecht.« – »Na, so schlecht ist das auch nicht, weil meine Frau ist drinnengeblieben.«

Zwei Freunde reden über Pferdewetten. Sagt der eine: »Ich möchte gern wetten, aber ich hab kein Glück, und ich weiß auch gar nicht, wie das geht!«

»Ganz einfach«, klärt ihn sein Freund auf. »Paß auf: Wie viele Knöpfe hat deine Hose?« – »Vier.« – »Wie viele Knöpfe sind an deiner Jacke?« – »Sieben.« – »Gut. Und wie viele Male hast du letzten Monat mit deiner Frau geschlafen?« – »Sechsmal.« – »Also«, sagt der Freund, »dann tippst du den Einlauf 4-7-6.«

Am Sonntag sieht der Tipper die Glückszahlen in der Sportschau: 4-7-1. »Verdammt«, sagt er, »hätt' ich nicht gelogen, so hätt' ich jetzt gewonnen!«

Reise und Urlaub

Eine junge Französin will allein verreisen. Ihr Vater ist natürlich dagegen, aber die Mutter kann ihre Tochter verstehen und gibt ihr vor der Fahrt noch ein paar Ratschläge: »Ma chérie, ich kenne die Männer. Am ersten Abend will er mit dir spazierengehen –, sagst du: Non, non, meine Vater würde sich sehr kränken. Am zweiten Abend will er fahren mit dir auf den See – Mondschein –, sagst du: Non, non, meine Vater würde sich sehr kränken. Am dritten Abend – wenn er klopft an deine Zimmertür – sagst du: Non, non, meine Vater würde sich sehr kränken.« Die Tochter merkt sich alles, reist ab, kommt nach zwei Wochen wieder nach Hause und erzählt ihrer Mutter: »Oh, Mama, wie du die Männer kennst! Am ersten Abend wollte er mit mir spazierengehen. Ich sage non, non, meine Vater würde sich kränken. Am zweiten Abend wollte er mit mir fahren auf die See bei Mondenschein. Ich sage non, non, meine Vater würde sich sehr kränken. Die dritte Abend, er klopft an meine Zimmertür. Ich sage non, non, meine Vater würde sich sehr kränken. Also sind wir

gegangen auf sein Zimmer, hab ich gedacht, soll sich doch sein Vater kränken!«

■

Zwei deutsche Touristen machen eine Schiffsreise auf dem Nil. Nachdem sie einige Stromschnellen passiert haben, kentert das Boot, und die Touristen treiben hilflos im Fluß. Als sie sehen, wie vom Ufer aus Krokodile ins Wasser gehen, sagt der eine Tourist zum anderen: »Also, eins muß man ja sagen: Ein bettelarmes Land, aber die Rettungsboote sind von Lacoste!«

Hans Moser unterhält sich mit einem amerikanischen Schauspielerkollegen über die heimische Kultur.

Der Amerikaner erzählt, daß man bei Ausgrabungen in den USA eine 100 Jahre alte Telefonleitung gefunden hätte.

»Das ist ja gar nichts«, raunzt darauf Hans Moser. »In Wien haben sie auch gegraben, bis 300 Meter, und wissen S', was g'funden hab'n? Nix habn s' g'funden, schnurlos habn s' telefoniert!«

■

Ein Tourist fragt einen Wiener Fiakerfahrer, ob er einen Einspänner oder einen Zweispänner fahre.
»Na, einen Einspänner, das sehen S' ja!«
»Schon, aber wenn es ein Zweispänner wäre, hätten Sie ein Pferd verloren!«

Ein Berliner Tourist macht Urlaub in den Alpen. Er fragt einen Bauern, woher denn die vielen Felsbrocken auf der Wiese kommen. »Ja die«, sagt der Bauer, »die bringt immer der Wildbach mit runter.« – »Ich sehe aber hier überhaupt keinen Wildbach!« – »Jaja, der wird wohl gerade wieder oben sein, Steine holen . . .«

■

Eine Französin sitzt im Zug einem Münchner gegenüber. Er schnuppert und fragt schließlich: »Was riecht denn hier so?«
Darauf die Französin: »Das ist 47-11, kennen Sie das nicht?« – »Nein.« – »Das ist ein neues Parfum.«
Nach einer Weile schnuppert die Französin und fragt: »Was riecht denn hier so?« Sagt der Münchner: »Das ist 12-60, kennen Sie das nicht?« – »Nein.« – »Das sind zwei Bohnensuppen zu sechs Mark dreißig . . .«

Ein Mann packt seine Koffer und will verreisen, da fragt ihn seine Ehefrau, wo er denn hin will. »Ich fahre nach Kuala Lumpur, dort gilt man noch was als Mann. Für jedesmal Liebe machen bekommt man 20 Mark.«
Daraufhin stürmt die Ehefrau ins Schlafzimmer, reißt den Koffer vom Schrank und fängt an zu packen.
Sagt der Ehemann: »Mein lieber Schatz, ich möchte allein verreisen!« Darauf sie: »Ich möchte ja nur sehen, wie du mit den 20 Mark im Monat zurechtkommst!«

Betriebsausflug einer Firma mit Wienern und Burgenländern. Etagenbus, die Wiener sitzen unten, die Burgenländer oben. Unten wird getrunken und Karten gespielt, oben sitzen die Burgenländer steif in ihren Sitzen und halten sich krampfhaft fest. Schließlich geht einer der Wiener nach oben und fragt: »Was ist denn los, warum seid ihr so still?« Darauf ein Burgenländer: »Ihr habt gut lachen, ihr habt ja einen Chauffeur.«

■

Ein Volkskundeforscher kommt als Tourist auf die Eben-Alp. Dort steht ein Bauernbub am Abhang und singt: »21, hopsasa, 21, hopsasa . . .« Der Forscher will wissen, was das zu bedeuten hat. Der Bauernbub erklärt, er zähle die toten Touristen, die da unten liegen.
Der Forscher fühlt sich auf den Arm genommen und will nachsehen, was der Bauernbub wirklich zählt. Als er an den Abhang tritt, gibt ihm der Bub einen Stoß, der Forscher stürzt hinunter, und der Bub singt: »22, hopsasa, 22, hopsasa . . .«

Ein Schwabe macht Urlaub in der Schweiz. Er möchte gern seiner Frau ein Souvenir mitbringen und läßt sich in einem Andenkenladen einiges zeigen. Doch alles ist ihm zu teuer, er kann sich nicht recht entscheiden. Nach langem Hin und Her entscheidet er sich schließlich für eine Ansichtskarte zu einem Franken. Die genervte Verkäuferin kramt in ihrer Lade, bis sie ein kleines Päckchen findet, das sie dem Schwaben zu seiner Karte schenkt. Der ist darüber sehr erfreut. »Was ist denn das?« erkundigt er sich. »Das bekommen Sie gratis von mir dazu«, erklärt die Verkäuferin. »Das ist ein Verhüterli, denn ich will nicht, daß sich solche Geizhälse wie Sie vermehren . . .«

Ein Amerikaner lernt eine Wienerin kennen. Sagt er zu ihr: »Wenn ich dich küsse, bin ich dann ein ›Küsser‹?«

Sie: »Nein, ein Küssender.« – »Wenn ich dich jetzt liebe, bin ich dann ein Lieberer?« – Sie: »Nein, dann bist du ein Liebender.« – »Und wenn ich dir raube deine Unschuld, bin ich dann ein Rauberer?« – Sie: »Nein, ein Zauberer.«

Ein Schweizer aus einem kleinen Bergdorf möchte nach Moskau fahren. Er geht zum Fahrkartenschalter des kleinen Bahnhofs und verlangt eine Fahrkarte nach Moskau.

»Leider«, meint der Beamte, »die Bahn fährt bloß bis Zürich.« Der Schweizer fährt also nach Zürich. Wieder verlangt er eine Fahrkarte nach Moskau, bleibt einige Zeit dort, schließlich packt ihn das Heimweh, und er will wieder nach Hause.

Der Schweizer geht zum Fahrkartenschalter in Moskau und sagt: »Bitte, ich hätte gerne eine Fahrkarte nach Horgau.«

Sagt der Beamte: »Nach Unter- oder Oberhorgau?«

Treffen sich zwei Freunde, die gerade vom Urlaub kommen.
Schwärmt der eine: »Ich war in Italien, nächstes Jahr fahre ich wieder hin!«
Darauf der andere: »Ich war auf einer Weltreise. Hat mir aber nicht so gut gefallen, nächstes Jahr fahre ich woanders hin!«

In einem Zugabteil sitzen eine junge hübsche Bayerin, eine Französin und ein altes Mutterl aus der Schweiz. Kommt der Zöllner und durchsucht die Koffer der Damen. Sagt er zur Bayerin: »Sieben Hoserl, junge Frau, warum haben Sie denn sieben Hoserl dabei?« – »Ja, für Montag, Dienstag, Mittwoch, Donnerstag, Freitag, Samstag, Sonntag . . .«
Fragt der Zöllner die Französin: »Und Sie, junge Frau, warum haben Sie fünf Hoserl dabei?« – »Oh, oui, Montag, Dienstag, Mittwoch, Donnerstag, Freitag – und Samstag und Sonntag ist oh, là, là!«
Durchsucht der Zöllner den Koffer vom Mutterl und findet zwölf Hosen. »Und warum haben Sie zwölf?« – Sagt das Mutterl: »Januar, Februar, März . . .«

Ein Österreicher macht Urlaub in Italien. Im Hotel sitzt ihm beim Mittagessen immer ein Italiener gegenüber. Vor dem Essen ruft der Italiener dem Österreicher freundlich zu: »Buon appetito.« Der Österreicher springt auf und ruft: »Mutzenbacher, Pepi.« So geht das ein paar Tage lang. Jedesmal, wenn der Italiener »Buon appetito« sagt, erwidert der Österreicher »Mutzenbacher, Pepi«. Eines Abends trifft der Österreicher seinen Freund. Der fragt ihn, wie ihm sein Urlaub gefällt, und er schwärmt: »Das ist alles so schön, und die Italiener sind so freundlich, da treffe ich zum Beispiel jeden Tag beim Mittagessen einen, der jedesmal aufsteht und sich mir vorstellt.« Sagt der andere: »Ja wieso, was sagt der denn?« – »Buon appetito.« Sagt der andere: »Ah geh, du bist ja deppert. ›Buon appetito‹, das heißt doch ›Guten Appetit‹.« Am nächsten Tag, beim Mittagessen, sitzt der Österreicher dem Italiener wieder gegenüber. Der Österreicher springt auf und ruft: »Buon appetito.« Steht der Italiener auf und erwidert strahlend: »Mutzenbacher, Pepi!«

Ein Tourist kommt in die Schweiz in ein Bergdorf. Dort geht er zum Dorffriseur und will sich rasieren lassen. Der Lehrling nimmt die Seifenschale, spuckt hinein und rührt so den Schaum. »Machen Sie das immer so, daß Sie da einfach nur hineinspucken?« fragt der Fremde angewidert den Lehrling. »Nein, nein«, antwortet dieser, »nur bei Fremden. Den Einheimischen spucke ich direkt ins Gesicht.«

Ein französischer Tourist quartiert sich in einer kleinen Pension im österreichischen Tirol ein. Um die Personalien im Gästebuch zu vervollständigen, fragt der Wirt den Touristen nach seiner Nationalität. »Isch kommen aus Fronkreich«, antwortet der Gast. Plötzlich versetzt ihm der Wirt eine kräftige Ohrfeige. Völlig irritiert fragt der Franzose: »Aber, was Sie machen? Wie kommen Sie dazu, misch zu schlagön?« Antwortet der Wirt: »Das hat schon seinen Grund. Ihr Franzosen habt's den Andreas Hofer umbracht!« – »Aber mon Cher«, entgegnet der Gast, »das seien gewesen vor fast zweihundert Jahren!« – »Das ist mir doch egal, ich hab's erst gestern erfahren!«

Ein Mann ist in einem Kaufhaus. An einem Stand werden japanische Wunderbrillen angeboten. »Entschuldigen Sie«, sagt er zum Verkäufer, »was bewirkt denn diese Wunderbrille?«
»Wenn Sie die aufsetzen, sehen Sie alle Umstehenden nackt. Probieren Sie doch mal!«
Der Mann setzt die Brille auf – alle Umstehenden sind nackt. Er setzt die Brille wieder ab – alle Umstehenden sind angezogen.
Der Mann kauft die Brille, geht nach Hause, setzt die Brille auf, sieht auf dem Sofa seine Frau und den Briefträger sitzen – beide nackt. Er setzt die Brille ab – noch immer sind die beiden nackt!
»So ein Mist, verdammtes japanisches Gelump«, ruft der Mann, »einmal getragen, und schon ist es hin!«

Zwei Männer unterhalten sich.
»Wo fährst du denn im Urlaub hin?«
»Nach Italien. Mit der Rikscha.«
»Und deine Frau?«
»Na ja, über den Brenner wird sie wohl ganz schön schnaufen müssen!«

■

Ein Ehepaar fährt dorthin auf Urlaub, wo es als frisch verliebtes Paar schon einmal war. Sie erklimmen gemeinsam mit ihrem kleinen Sohn einen Berg. »Du, Mami«, fragt der Kleine, »war ich damals denn auch schon dabei?« Meint die Mutter: »Na ja, beim Raufgehen eigentlich noch nicht . . .«

Ein Steirer trifft einen Freund. Der fragt ihn, wie es ihm denn so geht. Sagt der Steirer: »Weißt du, ich muß nach England fahren, und ich weiß gar nicht, was ich dort machen soll, ich spreche doch kein Wort Englisch.« Sagt der andere: »Das ist überhaupt kein Problem, Englisch ist ganz einfach. Du mußt nur ganz langsam reden, dann versteht dich auch jeder.«
Der Steirer fährt also nach England, geht dort in eine Kneipe und sagt zum Ober ganz langsam und deutlich: »Guten Tag, ich hätte gern ein Bier.« Darauf der Ober ebenfalls ganz langsam und deutlich: »Was für ein Bier möchten Sie denn? Ein dunkles Bier oder ein helles Bier?« – »Ein helles Bier, bitte.« – »Woher kommen Sie denn?« – »Aus Sinabelkirchen. Und Sie?« – »Aus Fürstenfeld.« – »Ja, wenn wir beide aus der Steiermark kommen, warum reden wir dann Englisch?«

Im Zug sitzt ein Bauer nach einem deftigen Sauerkrautmahl und stellt fest, daß sich die Blähungen bemerkbar machen. Da neben ihm ein gutgekleideter Geschäftsmann sitzt, wagt er nicht so recht, Luft zu lassen. Da hat er eine Idee: Jedesmal, wenn ihm etwas entfährt, gleitet er mit dem angefeuchteten Daumen über das Fensterglas. Das quietscht und überspielt so sein Malheur. Bald geht es ihm wieder besser. Als er später den Zug verlassen will, fragt ihn der Geschäftsmann: »Bitte, lieber Bauer, bevor Sie gehen, verraten Sie mir noch Ihren Trick mit der Scheibe. Denn, sehen Sie, den Ton bringe ich auch zustande, nur diesen merkwürdigen Duft nicht . . .«

Hans Moser sitzt an der Donau und fischt. Kommt ein Radfahrer vorbei und fragt: »Ist das hier die Donau?« – »Ja sicher ist das die Donau.« – »Kann ich da mit dem Fahrrad rüberfahren?« – »Ja sicher können Sie da mit dem Fahrrad rüberfahren, aber machen Sie mir ja nicht die Fische narrisch!«
Der Radfahrer fährt ins Wasser, geht unter. Nach einer halben Stunde kommt er patschnaß wieder zu Hans Moser und brüllt: »Sind Sie wahnsinnig? Das Wasser ist hier mindestens acht Meter tief!« – »Komisch, komisch«, murmelt Moser, »vorhin ist eine Ente rübergelaufen, der ist das Wasser nur bis zum Hals gegangen . . .«

Eine Frau läßt sich untersuchen.

»Gnädige Frau«, meint der Arzt schließlich, »Ihnen fehlt nichts Ernstes. Nehmen Sie einige warme Bäder, bewegen Sie sich viel an der frischen Luft und ziehen Sie sich warm an, dann geht es Ihnen bald besser.«

Daheim erzählt die Frau ihrem Mann: »Stell dir vor, Liebling, der Arzt hat mir eine Reise zur Abano-Therme verschrieben, anschließend zwei Wochen Wintersport in Davos, und außerdem soll ich ab sofort einen Pelzmantel tragen . . .«

Flug in Südamerika mit einer klapprigen Maschine der Coconut-Airlines. Plötzlich ertönt die Stimme des Kapitäns: »Hello, ladies and gentlemen, here is your captain speaking. If you looking outside window, you see our left engine is burning.«

Die Maschine tuckert weiter. Da ertönt wieder die Stimme des Kapitäns: »Hello, ladies and gentlemen, here is your captain speaking. If you looking outside window, you see our right engine is also burning.«

Die Maschine verliert an Höhe, da ertönt wieder die Stimme des Kapitäns: »Hello, ladies and gentlemen, we have to make a waterlanding. All swimmers please sit down on the right side. All non-swimmers please sit down on the left side.«

Die Passagiere wechseln die Plätze, die Maschine macht eine Notlandung. Wieder ertönt die Stimme des Kapitäns aus dem Lautsprecher: »And now, ladies and gentlemen, for all swimmers: Please swim to next beach, have a nice holiday! For all non-swimmers: Thank you for flying Coconut-Airlines!«

Ein Mann steigt in Wien in einen Fiaker und möchte eine gemütliche Spazierfahrt machen. Als sie zu einem Hügel kommen, bittet der Kutscher den Mann, auszusteigen und schieben zu helfen, weil das arme Pferd doch schon recht alt sei. Bergab bittet er den Mann, bremsen zu helfen. Der Mann schiebt also und bremst. Am Schluß der Fahrt fragt der Kutscher den Gast, wie ihm die Fahrt denn gefallen habe.

Meint der Mann: »Es war ganz schön, aber eine Frage habe ich noch: Warum haben wir eigentlich das Pferd mitgenommen?«

Ein altes Ehepaar möchte in den Winterurlaub fahren. Freunde empfehlen ihnen ein ruhig gelegenes Hotel in Tirol. Der Mann ruft sofort dort an: »Hätten Sie noch ein Doppelzimmer im Januar für uns?« – »Wir haben noch ein Zimmer frei. Es ist das Hochzeitszimmer.« – »Tja, äh ... Wissen Sie, ich bin seit dreißig Jahren verheiratet ...« – »Hören Sie, mein Herr«, sagt der Portier, »selbst wenn ich Sie im Ballsaal unterbringen würde, müßten Sie nicht die ganze Zeit tanzen.«

■

Ein Ritter rüstet sich für einen Kreuzzug. Bevor er die lange Reise antritt, legt er seiner Frau einen Keuschheitsgürtel an, um sie vor jeder Versuchung zu schützen. Den Schlüssel übergibt er seinem besten Freund, damit der ihn gut verwahre. Dann sattelt er sein Pferd und reitet davon. Eine halbe Stunde später holt ihn sein Freund ein und keucht: »Du hast mir den falschen Schlüssel gegeben!«

Winnetou, Old Shatterhand und ein Schweizer machen gemeinsam eine Reise durch die Prärien des Wilden Westens. Eines Nachts, sie liegen zusammen im Zelt, muß Winnetou plötzlich raus. Sie hören »Boing«, kurze Zeit später kommt Winnetou wieder herein. Auch Old Shatterhand muß einmal raus. Wieder hören sie »Boing«, und Old Shatterhand kommt zurück. Schließlich muß der Schweizer raus. Sie hören »Boing« und dann nochmals »Boing«. Meint Old Shatterhand zu Winnetou: »Siehst du, ich hab's ja gewußt, daß der Schweizer zweimal auf den Rechen tritt.«

Kultur

Ein Mann kommt an die Theaterkasse: »Grüß Gott, ich hätte gern zwei Karten.« Fragt die Kassiererin: »Für ›Tristan und Isolde‹?« – »Nein, für meine Frau und mich.«

Eine gute Fee geht im Stadtpark spazieren. Kommt sie zu zwei Statuen: eine römische Göttin und ein römischer Gott. Beide jung und wunderschön. Da die Fee an diesem Tag noch nichts Gutes getan hat, beschließt sie, die beiden für eine Stunde lebendig zu machen. Gesagt, getan. Die Fee schwingt ihren Zauberstab, und die beiden verschwinden im Gebüsch, aus dem man bald nur mehr Gestöhne hört. Milde lächelnd will die Fee weiterziehen und die beiden allein lassen, als sie plötzlich die Stimme des Mannes aus dem Gebüsch hört: »So, jetzt hältst

aber du die Taube, und ich mache ihr auf den Kopf!«

■

Ein Sandler trifft einen Kollegen und erzählt ihm vom Sandlerball, bei dem es unter anderem auch eine große Tombola gegeben hat.
»Was war denn der erste Preis«, will der zweite Sandler wissen.
»Ein Arbeitsplatz.«
»Und wer hat den gewonnen?«
»Niemand, keiner hat ein Los gekauft.«

Ein Mann möchte mit seiner Frau und seinem Baby ins Konzert gehen. An der Kasse fragt er: »Können wir das Kind mit reinnehmen?« – »Ja sicher«, sagt der Kassierer, »aber wenn Ihr Baby brüllt, dann müssen Sie rausgehen.«
»Bekommen wir dann unser Geld zurück?« will der Mann wissen.
»Ja, dann bekommen Sie Ihr Geld zurück.«
Die Familie geht ins Konzert, gespielt wird Beethoven, es ist wunderbar. Nach der Pause wird ein modernes Stück gebracht. »Du«, flüstert der Mann nach einigen Takten seiner Frau ins Ohr, »komm, sei lieb, und zwick jetzt endlich das Kind!«

Zwei ältere Damen sind zum ersten Mal in der Oper. Auf dem Programm steht der »Ring der Nibelungen«. In der Pause sagt die eine zur anderen: »Also ich weiß nicht, in diesem Saal ist die Akustik einfach gräßlich.«
Darauf die andere: »Tatsächlich, meine Liebe, jetzt, wo du's sagst, rieche ich es auch!«

■

Mutter und Tochter verbringen ihren Urlaub in Bayern. Ein rauschendes Fest, die Tochter tanzt den ganzen Abend. Nach dem Ball meint Mama: »Das war aber ein ganz reizender junger Mann, mit dem du getanzt hast. Wer war denn das?« – »Ach Mama, ich weiß nicht genau, entweder der Schäfer oder der Pastor. Er hat nämlich zu mir gesagt: ›Heute kommst du noch ungeschoren davon, aber morgen mußt du daran glauben.‹«

Ein Violinspieler kämpft sich durch die Wüste. Als er endlich eine Oase erreicht, wird er von einem Löwen angegriffen. In seiner Verzweiflung zieht der Mann seine Violine heraus und beginnt wunderschön zu spielen. Der Löwe läßt sich schnurrend im Sand nieder. Plötzlich ein zweiter Löwe. Wieder spielt der Mann, wieder beruhigt sich der Löwe.
Als der Mann die Violine wegpacken will, nähert sich wild knurrend ein dritter Löwe. Der Mann beginnt wieder zu spielen, der Löwe stürzt sich auf ihn und frißt ihn auf.
Sagt der erste Löwe seufzend zum zweiten: »Schade, daß gerade jetzt der Schwerhörige kommen mußte . . .«

Ein amerikanischer Geheimagent, frisch ausgebildet, kommt nach Rußland. Dort geht er in eine Bar, und um zu zeigen, daß er ein echter Russe ist, trinkt er ein Glas Wodka in einem Zug aus. Der Wirt nickt anerkennend, sagt aber dann: »Du nix Russe!« Der Geheimagent schnappt sich daraufhin eine Balalaika und fängt an wie wild darauf zu spielen. Wieder schauen die Leute bewundernd, und einer sagt: »Du spielen fantastisch, wie ich noch nie habe spielen sehen jemanden, der nix Russe.«
Der Agent ist völlig verzweifelt und kann nicht begreifen, warum man ihm den Russen nicht abnimmt. Er überlegt und überlegt, wie er die Leute von seiner Echtheit überzeugen kann, und beginnt schließlich einen Kasatschok zu tanzen. Wieder sind alle begeistert und rufen: »Du tanzen wie echter Russe!«
Den Tränen nahe schnappt der Agent eine alte Babuschka am Kragen und brüllt sie an: »Warum ich nix Russe?« Darauf die Alte: »Ganz einfach, weil es nix gibt russische Neger.«

Eine Frau nimmt Gesangsunterricht und übt täglich mehrere Stunden. Eines Tages fragt sie ihren Mann: »Sag einmal, warum gehst du eigentlich immer auf den Balkon, wenn ich singe?«
Darauf der Mann: »Ich will nicht, daß die Nachbarn denken, ich würde dich schlagen . . .«

∎

Zwei Freunde gehen abends getrennt aus. Am nächsten Tag berichten sie von ihren Erlebnissen. »Erst war ich in einer wunderbaren Vorstellung, danach bin ich sogar mit der Hauptdarstellerin ins Bett gegangen«, schwärmt der eine. »Nicht möglich«, sagt der andere. »Wo warst du denn eigentlich?« – »Im Flohzirkus . . .«

Eine Dame mittleren Alters sitzt im Kino. Als der Film vorbei ist, bleibt sie immer noch sitzen. Da kommt ein Herr und fragt, ob sie denn nicht endlich aufstehen möchte. Darauf sagt sie, sie könnte nicht, ihr wäre der Popo eingeschlafen. Sagt der Herr neben ihr: »Ja, ja, das habe ich mitbekommen, er hat die ganze Zeit geschnarcht.«

∎

Frühling. Die ersten Regenwürmer kriechen verliebt ans Tageslicht. Sie singen: »Chanson d'amour . . .« Kommt ein Rasenmäher: »Ratata-tata . . .«

Bekanntlich gab Karajan ungern Autogramme. Eines Tages kommt ein Mann zu ihm und bittet: »Bitte, bitte, Herr Karajan, ein Autogramm bitte.« – »Für wen soll es denn sein?« – »Na für mich, bitte, bitte, Herr Karajan.« Karajan läßt sich erweichen und gibt ihm eins. Der Mann ist aber immer noch nicht zufrieden: »Bitte, bitte, lieber Herr Karajan«, drängt er wieder, »ein Autogramm hätte ich noch gerne, nur noch eines.« Der Karajan gibt es ihm, fragt aber dann: »Ist das auch für Sie?« Der Mann bejaht. »Aber warum wollen Sie zwei Autogramme von mir?« Antwortet der Mann: »Für zwei Karajan gibt es einen Bernstein.«

Ein Fernsehquiz. Ein Bayer, ein Österreicher und ein Schweizer treten gegeneinander an. Fragt der Moderator: »Wieviel ›l‹ enthält das bekannte Lied ›Happy birthday to you . . .‹?« – Darauf der Deutsche: »Keins.« Der Österreicher: »Keins.« Der Schweizer: »54.« – »Wie kommen Sie auf 54?« – »Ganz einfach: ›la – la – la – la – la – la‹.«

■

Karajan studiert mit einem international berühmten Solisten eine Bach-Suite ein. An einer Stelle sind die beiden Künstler uneinig, wie der Solist zu singen hat. Am nächsten Tag erzählt der Solist: »Letzte Nacht ist mir im Traum Johann Sebastian Bach erschienen und hat mir gesagt, daß ich die eine Stelle genau so singen soll.« Einen Tag später kommt Karajan zu dem Solisten und sagt: »Übrigens: Ich habe vergangene Nacht auch vom Bach geträumt. Wir haben uns sehr gut unterhalten, aber Sie kennt er nicht.«

Geld

Ein Mann will in der Schweiz ein Bankkonto eröffnen.

»Wieviel wollen Sie denn einzahlen?« fragt der Bankangestellte.

Der Kunde flüstert etwas.

»Wieviel bitte? Ich habe Sie nicht verstanden.«

Der Kunde flüstert neuerlich.

»Ich kann die Summe nicht verstehen, so sprechen Sie doch lauter!«

»40 Millionen«, flüstert der Kunde, sich ängstlich nach allen Seiten umschauend.

»Aber mein Herr«, meint der Bankangestellte würdevoll. »Sie können ruhig lauter sprechen, hier in der Schweiz ist Armut doch keine Schande.«

Bei der Polizei klingelt das Telefon. »Raubüberfall bei Cartier!«

Die Polizisten rasen zu Cartier und lassen sich vom Wächter erzählen, wie sich der Überfall zugetragen hat. »Das glauben Sie sicher nicht, stellen Sie sich vor, ein Riesenlaster kommt, die Tür geht auf, ein Elefant steigt aus, schlägt mit seinem Rüssel – peng – die Scheibe kaputt, saugt Diamanten, Brillanten, Gold und Silber an, läuft zurück zum Laster, die Tür geht zu, und weg sind sie!« – »Moment mal, was war das denn für ein Elefant, ein afrikanischer oder ein indischer?« Meint der Wächter: »Das kann ich nicht sagen, er trug einen Strumpf über dem Kopf . . .«

Ein Schotte fährt mit dem Schiff von England über den Kanal.

Als das Schiff in Ostende anlegt, sieht er, wie ein Taucher aus dem Wasser kommt und an Land geht. – Der Schotte wird ohnmächtig. Ein Arzt eilt herbei, und als der Schotte wieder zu sich kommt, fragt ihn der Arzt: »Mein lieber Herr, worüber haben Sie sich denn so aufgeregt?« Sagt der Schotte: »Wissen Sie, ich habe einen Riesenschreck gekriegt, als ich sah, daß man auch zu Fuß rübergehen kann!«

Der Enkel geht mit seinem Großvater spazieren. Da er jede Gelegenheit nützt, um das Taschengeld aufzubessern, kommt ihm eine Idee, als er einen Regenwurm am Wegrand liegen sieht. Er sagt: »Opa, wetten wir um 10 Mark, daß ich den Regenwurm senkrecht in den Boden stecken kann.« Der Opa sagt zu ihm: »Wenn du das fertigbringst, dann bekommst du das Geld.« Der Enkel greift in seine Hosentasche, nimmt eine Dose Haarspray heraus, besprüht damit den Wurm und steckt nach ein paar Minuten den Wurm in den Boden. Sagt der Opa voll Anerkennung: »Bub, das Geld hast du dir verdient. Morgen beim Frühstück bekommst du den Zehner.«

Am Morgen wartet der Bub schon ganz aufgeregt, plötzlich kommt die Oma und legt ihm 20 Mark hin. Sagt der Bub: »Oma, ich hab mit dem Opa doch bloß um 10 Mark gewettet!« Sagt die Oma: »Das ist schon in Ordnung, der Rest ist von mir, für den guten Tip!«

Ein Mann betritt eine Bank, geht zum Schalter und sagt zum Angestellten: »Geben Sie mir bitte mein Scheckbuch, Sie Idiot!« – Der Angestellte ist vollkommen irritiert und antwortet: »Sie können doch nicht einfach Idiot zu mir sagen, mein Herr.« – Worauf der Mann entgegnet: »Also, was ist. Geben Sie mir jetzt mein Scheckbuch, Sie Idiot?« Der Angestellte geht zum Direktor, um sich zu beschweren. »Stellen Sie sich vor, Herr Direktor. Da ist ein Kunde an meinem Schalter, und der hat zu mir gesagt: ›Geben Sie mir mein Scheckbuch, Sie Idiot!‹« – »Aber das ist ja eine Unverschämtheit«, empört sich der Direktor. »Hat der überhaupt ein Konto bei uns?« – »Ja.« – »Und wie hoch ist sein Guthaben?« – »20 Millionen Mark.«

Darauf der Direktor: »Na, dann geben Sie ihm doch das Scheckbuch, Sie Idiot!«

Auf einer Party in einem Penthouse in New York. Zwei Betrunkene stehen auf dem Balkon. Bietet der eine dem anderen eine Wette an: »Wenn ich da runterspringe und in zwei Sekunden wieder oben bin, bekomme ich dann 2 000 Dollar?« – Der andere willigt ein. Der erste springt runter, ist in zwei Sekunden wieder da und kassiert die 2 000 Dollar. »Wenn ich das noch einmal mache, bekomme ich dann wieder 2 000 Dollar?« Der andere willigt ein. Der Mann springt wieder runter, ist in zwei Sekunden zurück und kassiert das Geld. Dann sagt er: »Und jetzt versuchst du es!« Der andere überlegt, springt schließlich, schlägt wie ein Stein am Boden auf. Sagt einer der Partygäste: »Also Superman, wenn du besoffen bist, bist du ein echter Depp!«

Ein Mann will gerade das Finanzamt betreten, als ihm sein Freund pudelnackt entgegenkommt. Als er fragt, was los sei, sagt der andere, er käme gerade aus dem Finanzamt, die hätten alles von ihm gewußt und ihm das letzte Hemd ausgezogen. Darauf überlegt sich der andere: »Wenn ich gleich nackt ins Finanzamt reingehe, können sie mir auch nichts wegnehmen.«
Gesagt, getan. Sein Freund wartet auf ihn. Nach zehn Minuten ist er wieder da, vorne und hinten hat er einen großen Klebstreifen. Als sein Freund fragt, was das soll, erwidert er: »Wegnehmen konnten sie mir nichts mehr, da haben sie mir Gas und Wasser abgestellt!«

Ein Tourist fährt in Schottland gegen einen Baum.
Völlig demoliert bleibt der Wagen liegen. Ein
Schotte kommt des Weges und findet den
Fahrer hilflos neben dem Wagen liegen. »Ist
Ihnen was passiert?« – »Ja.« – »Sind Sie gegen
Unfall versichert?« – »Ja.« – »Hat jemand
gesehen, wie sich der Unfall ereignete?« –
»Nein.« – »Das ist gut«, meint der Schotte.
»Hätten Sie etwas dagegen, wenn ich meine
Kleider in Unordnung bringe und mich zu Ihnen
lege?«

Sport

Der Erzengel Gabriel erscheint dem Franz Bekkenbauer und sagt: »Lieber Franz, ich habe eine gute und eine schlechte Nachricht für dich. Zuerst die gute: Du bist auserkoren, nach deinem Ableben in der himmlischen Fußballmannschaft zu spielen. Jetzt die schlechte: Du bist schon für das nächste Wochenende aufgestellt.«

Maria Epple, die berühmte Schifahrerin, möchte auch mal bei einer Herrenabfahrt mitmachen. Verkleidet und unerkannt rast sie den Hang hinunter und stürzt 300 Meter vor dem Ziel. Als sie wieder zu sich kommt, drückt ein Pistenhelfer an ihrem Busen herum und sagt: »Keine Sorge, Kumpel, die beiden Beulen kriegen wir schon wieder weg.«

Weltmeisterschaftsabfahrtslauf. Plötzlich überrollt eine Lawine das Starthäuschen, alle Läufer sind tot. Sie werden ins Leichenschauhaus gebracht, wo auch die Resi ihren Franzl identifizieren soll. Sie schaut beim ersten nach und schluchzt: »Des ist net mei Franzl!« Auch beim zweiten eine Enttäuschung: »Des ist a net mei Franzl!« Bei der dritten Leiche zieht sie das Tuch weg und strahlt: »Gott sei Dank, endlich einmal unter den ersten drei!«

■

Beim Hunderennen. Ein Hundezüchter fragt einen anderen, was er denn seinen Tieren zum Fressen gibt. »Eine Dose Kraftfutter, zwei rohe Eier und einen Liter Milch. Und was füttern Sie?« – »Mein Hund bekommt vor jedem Rennen eine Flasche Whisky«, antwortet der erste. »Tatsächlich? Und damit hat Ihr Hund schon einmal ein Rennen gewonnen?« – »Nein, das nicht, aber dafür ist er am Start immer der lustigste!«

Der Ehemann kommt nach der Arbeit nach Hause.
Beim Abendessen sagt er zu seiner Frau: »Schatz, ich muß nachher noch mal weggehen, zum Angeln.« Seine Frau schmunzelt und sagt: »Ja, ich weiß, die Forelle hat schon dreimal angerufen.«

■

Zwei ehemalige Sportler, jetzt schon etwas betagt, treffen sich. Sagt der eine zum anderen: »Na, treibst du noch Sport?« – »Nein, eigentlich nicht mehr«, sagt der, »denn die erste geht noch, aber bei der zweiten, da keuch ich und stöhn ich und schnauf ich.« – »Aber Gustl«, meint da der eine Sportler, »das ist ja großartig, in deinem Alter noch zwei Frauen!« – »Was heißt Frauen«, knurrt der andere, »ich wohne in der zweiten Etage!«

Ein leidenschaftlicher Angler geht eisfischen. Als er ein Loch in die Eisfläche geklopft hat, ertönt eine Stimme: »Hier gibt es keine Fische!« Der Mann geht weiter, schlägt ein neues Loch ins Eis, wieder ertönt die Stimme: »Hier gibt es keine Fische!« Beim dritten Mal hebt der Mann die Arme zum Himmel und fragt: »Bist du es, o Herr?« Darauf die Stimme: »Nein, der Platzwart vom Eisstadion.«

Im Tennisclub ist eine Dusche ausgefallen. Da sich nun die Damen und Herren mit nur einer Dusche begnügen müssen, wird eine strenge Einteilung getroffen.
Gerade duscht sich ein Herr gemütlich, als ihm siedendheiß einfällt, daß jetzt eigentlich die Frauen an der Reihe sind. Lange überlegt er hin und her, wie er aus dieser peinlichen Situation am besten herauskommt. »Entweder«, denkt er, »binde ich mir ein Tuch unten herum, dann haben die Damen keinen Grund zu kreischen, aber sie erkennen mich gleich. Oder aber ich binde mir das Tuch über den Kopf, dann weiß niemand, wer ich bin.« Das erscheint ihm schließlich als die weniger peinliche Lösung, und er tritt, das Handtuch um den Kopf gewickelt, aus der Dusche. Kaum macht er einen Schritt vor die Tür, ruft die erste Dame aus: »Also, mein Mann ist das nicht!« Darauf die zweite: »Stimmt, das ist wirklich nicht dein Mann!« Und eine dritte: »Das ist überhaupt niemand von unserem Tennisclub!«

Himmel

Über ein winziges Bergdorf heult der Sturm, dichtes Schneetreiben. Kein Mensch kommt in die Kirche.

Sagt der Mesner: »Heute brauch ich wohl gar nicht läuten, es kommt ja doch keiner.« – »Nichts da«, antwortet der Pfarrer. »Du wirst bezahlt fürs Läuten, also läute.«

»Gut, aber dann mußt du auch predigen.« Der Pfarrer hält also die Predigt in der leeren Kirche. Nach der Messe ist der Mesner ganz gerührt. »Das war aber besonders schön heute, nur wir drei . . .« – »Wir drei?« wundert sich der Pfarrer. – »Ja, du und ich und der liebe Gott.« – »Ach ja, der, an den habe ich gar nicht gedacht . . .«

Ein Pfarrer macht eine Wallfahrt nach Lourdes und zündet dort für ein kinderloses Ehepaar eine Kerze an. Nach einigen Jahren besucht er das Ehepaar. Ein kleines Mädchen öffnet ihm. »Na, meine Kleine, wo ist denn deine Mama?«
»Die Mama ist im Krankenhaus«, antwortet das Mädchen, »wir bekommen ein sechstes Geschwisterchen!«
»So, so«, meint der Pfarrer, »und wo ist dein Papa?«
»Der ist nach Lourdes gefahren, um die Kerze auszublasen.«

In einem kleinen jüdischen Dorf stirbt der Rabbi. Die Gemeinde sucht in Tel Aviv um einen neuen Rabbi an, aber Rabbis sind rar. Schließlich kommt die Antwort aus Tel Aviv: »Wir haben einen für euch, aber beklagt euch nicht.«
Als die Gemeindeväter den neuen Rabbi vom Flughafen abholen, sind sie entsetzt: Der neue Rabbi ist Japaner! Doch man will es mit ihm versuchen, und es klappt zunächst auch sehr gut. Dennoch wird er nach zwei Wochen zum Bürgermeister zitiert, der ihn mit sorgenvollem Blick ansieht: »Weißt du, Rabbi, du machst alles wunderbar, Hochzeiten, Thora, alles, aber meinst du nicht, daß Beschneidungen in der Haikiki-Technik etwas zu weit gehen?«

Einer Nonne geht auf dem Weg zum Kloster das Benzin aus, sie findet keinen Reservekanister in ihrem Auto. Das einzige Gefäß, das sich auftreiben läßt, ist ein alter Nachttopf. Mit dem geht sie zum nächsten Bauernhof und bittet um Benzin. Als sie gerade das Benzin in den Tank schütten will, fährt ein Radfahrer vorbei. Er bleibt stehen, schüttelt den Kopf und meint: »Na, Ihren Glauben möchte ich haben!«

∎

Der amerikanische Präsident kommt in den Himmel. Dort fragt er Gott: »Wie lange wird es noch dauern, bis der Dollar wieder steigt?« – Gott antwortet: »Das wird schon noch 100 Jahre dauern!« – Worauf der amerikanische Präsident sagt: »Was, noch 100 Jahre? Da bin ich leider nicht mehr im Amt!«
Drei Wochen später kommt der Staatspräsident der Sowjetunion in den Himmel. Auch er hat eine Frage an Gott: »Sag mir bitte, Genosse Gott, wie lange wird noch dauern, bis bei uns in Rußland seien endlich Demokratie?« Gott antwortet: »Das wird schon noch 200 Jahre dauern, mein Sohn.« Worauf der sowjetische Staatspräsident antwortet: »Was, noch 200 Jahre? Da bin ich leider nicht mehr im Amt.«
Wiederum drei Wochen später kommt der österreichische Bundeskanzler in den Himmel. Auch er möchte von Gott eine Frage beantwortet haben. »Sag mir bitte, lieber Gott, wie lange wird es wohl noch dauern, bis in Österreich die Wende zum Besseren eintritt?« Worauf Gott antwortet: »Tja, da bin ich leider nicht mehr im Amt!«

Ein Russe, ein Italiener und ein Deutscher haben den Mount Everest bezwungen. Nach einer großen Feier fahren die drei Bergsteiger jeweils zurück in die Heimat, wo sie gebührend empfangen werden.

Der Russe kommt zu Gorbi. »Na«, fragt der, »jetzt erzähl mal, hast du dort oben den Herrgott gesehen?« – »Ja«, antwortet der Russe, »ich habe sogar mit ihm gesprochen!« – »In Lenins Namen«, ruft Gorbi, »erzähl bloß keinem Menschen davon!«

Der Italiener bei der Papstaudienz. »Sag, hast du denn da oben den Herrgott gesehen?« will der Heilige Vater wissen. »Keine Spur«, beteuert der Bergsteiger. »In Gottes Namen«, ruft der Papst, »erzähl das bloß keinem Menschen!«

Der Deutsche besucht inzwischen den Bundespräsidenten. »Erzähl doch«, sagt der, »hast du da oben den Herrgott gesehen?« – »Natürlich«, antwortet der Deutsche. »Na und«, will der Bundespräsident wissen, »gleicht er mir?«

Ein Mann kommt in den Himmel. Von seiner Wolke sieht er genau in die Hölle. Dort sitzen die Männer am Biertisch, jeder hat ein hübsches Mädchen am Schoß, man trinkt und scherzt. Der Mann findet das gar nicht gerecht, also geht er zu Petrus und meint: »Eigentlich würde ich viel lieber in die Hölle verlegt werden, dort ist es viel amüsanter als hier.« Petrus ist zwar ein wenig verwundert, gewährt ihm aber die Bitte.

Der Mann kommt in die Hölle und wird sofort zum Fegefeuerschüren eingeteilt. Wütend beschwert er sich beim kommandierenden Teufel und sagt: »Von oben habe ich doch ganz andere Dinge gesehen! Da saßen die Männer mit hübschen Frauen am Biertisch und hatten gute Laune!« – »Ja, das«, meint der Teufel schmunzelnd, »das ist unsere Werbeabteilung . . .«

Ein Bischof inspiziert seine Klöster. Als er einen Klostergarten betritt, sieht er eine junge, hübsche Nonne, die einen Kinderwagen vor sich her schiebt. Verwundert sagt er zu der Ordensfrau: »Na, das ist ja ein süßes kleines Klostergeheimnis!« Worauf die Nonne antwortet: »Das ist kein Klostergeheimnis, das ist ein Kardinalfehler!«

Ein Bauer hat drei Söhne. Zum ersten sagt er: »Du wirst Rechtsanwalt, denn die Leute streiten immer.« Zum zweiten sagt er: »Du wirst Zahnarzt, denn schlechte Zähne gibt's auch immer.« Und zum dritten sagt er: »Du wirst Bauer, die braucht man auch.«
Als er nach 20 Jahren plötzlich im Sterben liegt, bestellt er die Söhne zu sich. Er sagt: »Ich hab jeden was lernen lassen, jeder von euch hat sein Auskommen. Jetzt habe ich eine Bitte an euch. Wenn ich sterbe, dann legt mir jeder von euch 1 000 Mark in den Sarg, damit ich Geld drüben hab, wenn ich es brauche.«
Der Vater stirbt, der erste geht zum Sarg, legt seine 1 000 Mark hinein, der zweite Sohn kommt, sieht das Geld und legt seine 1 000 Mark dazu. Der dritte kommt, sieht das Geld, schreibt einen Scheck über 3 000 Mark aus, legt ihn hinein, nimmt die 2 000 Mark von den Brüdern und sagt: »Gell, Vater, wenn du das Geld brauchst, dann löst du den Scheck einfach ein.«

Ein Bub geht zum Beichten. »Ich habe Purzelbäume gemacht«, gesteht er dem Pfarrer. »Das ist keine Sünde, mein Sohn«, meint der Pfarrer, »aber zeige mir doch einmal, wie du sie gemacht hast.« Da geht der Bub aus dem Beichtstuhl und macht Purzelbäume. Das sehen zwei alte Damen. Sagt die eine zur anderen: »Du, eins sag ich dir, zu dem gehen wir aber nicht zum Büßen!«

Drei Männer kommen in den Himmel. Petrus erklärt ihnen, daß sie je nach ihrer ehelichen Treue Autos zugeteilt bekommen. Der treueste Ehemann bekommt eine tolle Limousine, der zweite Mann einen Mittelklassewagen und der dritte einen winzigen Kleinwagen. Nach einiger Zeit treffen sich die drei wieder, der mit der Limousine ist in Tränen aufgelöst. »Was ist denn los«, fragen die anderen, »warum heulst du denn, du mit deinem tollen Auto?!« Schluchzt der Mann: »Ach, ich habe gerade meine Frau vorbeifahren gesehen. Auf einem Skateboard!«

Als Gott die Welt erschaffen hat, da hat er Berge
gemacht und einen Schweizer draufgestellt.
»Was wünschst du dir noch?« hat Gott den
Schweizer gefragt. »Ich hätte gern Seen und
Flüsse und Bäche«, sagt der Schweizer. Gott
erschafft ihm das.
»Möchtest du noch etwas?« fragt Gott weiter.
»Ja, dann hätte ich gern noch schöne Wiesen
und eine Kuh auf der Wiese mit einer großen
Glocke um.« Gott erschafft ihm alles, der
Schweizer geht zu der Kuh, melkt sie und gibt
Gott ein großes Glas Milch. Gott trinkt das Glas
Milch aus und fragt wieder: »Und was möchtest
du jetzt?« – »Vier Franken für das Glas Milch!«

Jagd

Vier Jäger sitzen in einer Hütte.

»Hier stinkt's«, sagt der eine.

»Das werden schon die Hunde sein«, meint der zweite.

»Aber es sind doch noch gar keine Hunde da!«

»Die werden schon noch kommen.«

Ein Jagdunfall, der Arzt wird gerufen. Er kann nur noch den Tod des Patienten feststellen.

»Hätten Sie denn noch etwas für ihn tun können?« fragen die Jäger.

»Im Prinzip wäre ihm schon noch zu helfen gewesen«, antwortet der Arzt, »nur ausweiden hättet ihr ihn halt nicht dürfen.«

Zwei Fallensteller in Amerika bereiten sich auf den Winter vor und hacken Holz. Als sie schon einen großen Stapel gehackt haben, überlegen sie, wieviel mehr sie wohl brauchen werden. Der eine Holzfäller hat die Idee, einen weisen Indianer zu befragen, wie streng der Winter wird. Mühsam klettert er den Berg hinauf.

»Was meinst du, roter Bruder, wird das ein harter Winter?«

»O ja, sehr harter Winter.«

Der Fallensteller kehrt zu seinem Kollegen zurück, sie hacken noch einmal so viel Holz. Noch immer unschlüssig, ob es reichen wird, klettert der zweite Fallensteller den Berg hinauf.

»O, roter Bruder, wird es ein besonders strenger Winter?«

»O ja, es wird ein besonders strenger Winter.«

Wieder wird Holz gehackt, wieder sind die beiden nicht sicher, ob es reicht. Gemeinsam klettern die Fallensteller den Berg hinauf.

»O sage uns, roter Bruder, wird das ein ganz entsetzlich harter Winter?«

»O ja, das wird ein ganz entsetzlich harter Winter.«

Die beiden schicken sich seufzend zum Abstieg an, als einem der Fallensteller noch etwas einfällt.

»Sag mal, roter Bruder, woher weißt du das eigentlich so genau, daß es ein ganz entsetzlich harter Winter wird?«

»Ganz klar, im Tal beobachte ich seit langem zwei Männer, die hacken wie verrückt Unmengen von Holz!«

Ein Missionar fährt mit einem Eingeborenen fluß-abwärts und will ihm dabei gleich ein paar Begriffe aus seiner Sprache beibringen. »Fluß«, sagt er und deutet auf den Fluß. – »Fluß«, wiederholt der Eingeborene.

»Baum«, sagt der Missionar und deutet auf einen Baum am Ufer. – »Baum«, wiederholt der Eingeborene.

Unter dem Baum liegt ein Liebespaar. Nach kurzem Zögern erklärt der Missionar: »Velo fahren.« Der Eingeborene zückt Pfeil und Bogen und erschießt den Liebhaber.

Entsetzt ruft der Missionar: »Um Gottes willen! Warum hast du das getan?«

Darauf der Eingeborene trocken: »Mein Velo!«

Der Max geht zum erstenmal mit seinem Vater auf die Jagd. Plötzlich taucht ein Hase auf. Der Vater legt an, schießt – daneben. Der Hund applaudiert. Da erscheint ein Rehbock. Der Vater legt an, schießt – daneben. Der Hund applaudiert. »Sag einmal«, meint der Max, »was macht denn der Hund, wenn du einmal triffst?«

»Weiß ich nicht«, antwortet der Vater, »den Hund haben wir erst seit zwei Jahren!«

Eine Gruppe Ostfriesen fährt zum Jagdurlaub nach Tirol. An einer Tankstelle läßt einer versehentlich den Zündschlüssel im Auto liegen und knallt die Tür zu. Er bittet den Tankwart um Hilfe. Der gibt ihm einen Draht und erklärt ihm, wie man damit die Tür entriegeln kann. Nach einiger Zeit kommt der Lehrling kopfschüttelnd zum Tankwart und sagt: »Also, ich habe ja schon öfter Leute gesehen, die in ihre Autos einbrechen mußten. Aber noch nie habe ich gesehen, daß da noch welche drin saßen und den mit dem Draht dirigierten: Weiter vor, weiter zurück . . .«

Ein Jäger hat einen Freund zur Jagd eingeladen. Plötzlich sehen sie einen großen Hirsch auf der Lichtung. Der Jäger schießt – getroffen. Beim Näherkommen bemerken die beiden, daß es gar kein Hirsch ist, sondern ein Ordensbruder in einer braunen Kutte. »Was für ein Unglück«, sagt der Jäger. »Aber wo es schon einmal passiert ist, könnten wir ja nachsehen, was er in seiner Kutte trägt.«
Sie untersuchen ihn und finden 10 000 Franken.
»Du«, sagt der eine, »wir sagen nix und teilen das Geld!«
»Kommt nicht in Frage«, entgegnet der andere, »schieß dir selber einen!«

Essen und Trinken

Ein Betrunkener will nach Hause. Er steckt den Schlüssel ins Schlüsselloch – paßt nicht. Also klingelt er beim Hausmeister.

Der Hausmeister öffnet: »Was wollen Sie?«

»In meine Wohnung.«

»Sie wohnen hier nicht!«

»Oh, Entschuldigung«, lallt der Betrunkene und geht weiter. Nach einer Runde kommt er zum selben Haus, will den Schlüssel ins Schlüsselloch stecken – paßt nicht. Er klingelt beim Hausmeister.

»Was wollen Sie denn schon wieder?«

»In meine Wohnung!«

Der Hausmeister ist schon ein wenig verärgert.

»Hören Sie, Sie wohnen hier nicht!«

Verdutzt wankt der Betrunkene weiter, dreht eine Runde ums Haus, steckt den Schlüssel ins Schlüsselloch – paßt nicht. Er klingelt beim Hausmeister.

»Was ist denn schon wieder?« tobt der Hausmeister.

»Ich will in meine Wohnung!«

»Ich habe Ihnen doch gesagt, daß Sie hier nicht wohnen. Verschwinden Sie jetzt endlich, sonst

hau ich Ihnen eine runter!«

Meint der Betrunkene stirnrunzelnd: »Bevor Sie mir eine runterhauen, erklären Sie mir bitte eines: Wieso wohnen Sie überall und ich nirgends?!«

In einem Autobahnrestaurant. Ein Fernfahrer sitzt gemütlich beim Essen, als vier Rocker hereinkommen. Breit grinsend stellen sie sich um den Fernfahrer auf, der erste ißt sein Schnitzel, der zweite seinen Salat, der dritte seine Pommes frites, und der vierte schüttet ihm das Bier über den Kopf. Der Fernfahrer sagt nichts, steht auf, bezahlt seine Rechnung und geht. Ein anderer Fernfahrer betritt das Lokal. Die Rocker sprechen ihn an: »He, dein Kollege von eben ist aber ein Riesenfeigling. Wir haben sein Essen aufgegessen und ihm das Bier über den Kopf geleert, und er hat gar nichts dazu gesagt!«

»Stimmt«, sagt der zweite Fernfahrer, »mein Kollege ist ein Riesenfeigling und ein schlechter Fahrer dazu. Eben hat er auf dem Parkplatz beim Zurücksetzen vier Motorräder plattgefahren.«

Ein Stotternder und ein Schielender wollen einen Ochsen schlachten. Der Stotternde hält das Tier fest, der Schielende hebt die Axt. Da ruft der Stotternde: »H-h-halt, M-m-moment mal! Sch-sch-schlägst du d-d-dahin, wo du hinschaust?« Der Schielende bejaht. Darauf der Stotternde: »D-d-dann muß ich mit dem O-o-ochsen P-p-platz t-t-tauschen!«

■

Zwei Handwerksmeister wetten, welcher ihrer Lehrlinge mehr essen kann. »Meiner«, prahlt der eine, »ißt fünfzig Brote auf einmal!« Das kann sich der andere nun doch nicht vorstellen, und sie holen den Lehrling, dem ein Broteberg aufgetischt wird. Doch schon nach dem dritten Brot kann der Lehrling nicht mehr. »Komisch«, murmelt der Meister, »vorhin bei der Probe hat es noch so gut geklappt!«

Der Kaiser Franz Joseph geht gerne am Naschmarkt spazieren. Er kommt zum ersten Stand. »Sie, Frau, was sind denn das für Eier?« »Das sind Taubeneier, Majestät.« »Ah, köstlich, superb, superb, Taubeneier . . .« Er geht zum nächsten Stand. »Sie, Frau, was sind denn das für Eier?« »Das sind Hühnereier, Majestät.« »Ah, superb, superb, Hühnereier . . .« Er kommt zum nächsten Stand: »Sie, Frau, was sind denn das für Eier?« »Das sind Straußeneier, Euer Majestät!« »Ah, köstlich, superb, superb! Jaja, der Walzerkönig . . .«

Zwei Bauern sitzen bei der Brotzeit beisammen und unterhalten sich über ihr Vieh. Der eine erzählt dem anderen von seiner neuen Kuh, die immer so wählerisch mit dem Heu sei, vor der Melkmaschine flüchte und auch den Stier nicht ranlasse.

Darauf der andere: »Hast du die etwa in Wurzelsbach gekauft?« – »Ja, wieso?«

»Tja, ich kenne das, meine Frau ist auch von Wurzelsbach.«

Ein Ehepaar mit einem kleinen Jungen fährt im Auto von der Erlanger Bergkirchweih nach Hause und gerät in eine Alkoholkontrolle. Der Vater muß blasen, und das Röhrchen wird grün. Der Vater schimpft, das Röhrchen sei kaputt, und zum Beweis solle seine Frau blasen, die auch nüchtern sei. Als das Röhrchen bei der Frau auch grün wird, verlangt er, daß der Polizist sein Kind blasen läßt. Aber auch bei dem Buben wird das Röhrchen grün, der Polizist entschuldigt sich höflich für das kaputte Röhrchen und läßt die Familie weiterfahren. Da sagt die Frau zum Mann: »Siehst du, Schatz, es war doch gut, daß wir dem Buben auch eine Maß gegeben haben.«

Ein Missionar in der Wüste. Plötzlich umringt ihn ein hungriges Löwenrudel. Der Missionar fällt verzweifelt auf die Knie und bittet Gott um Hilfe. Da hört er leises Gemurmel, und als er aufsieht, knien alle Löwen um ihn. Doch gerade, als der Missionar Gott für dieses Wunder danken will, hört er die Löwen murmeln: ». . . und segne, o Herr, was du uns bescheret hast . . .«

■

Ein Mann sieht im Hafen von Marseille einen Matrosen, der sich betrinkt. »Hören Sie, Mann, lassen Sie das! 10 000 Franzosen sterben jährlich am Alkohol!«
»Mir egal, ich bin Russe!«

■

Zwei verliebte Milchtröpfchen.
»Wollen wir heiraten und Kinder kriegen?«
»Das geht nicht, ich bin pasteurisiert.«

Fragt die österreichische Ehefrau ihren Mann:
»Sag mal, was soll ich denn zu Weihnachten backen?«
»Am besten deine Koffer . . .«

■

Zwei Männer kommen aus einem Restaurant.
»Die Suppe war kalt und hat nach gar nichts geschmeckt.«
»Und das Fleisch war zäh und voller Knorpel.«
»Und der Wein war warm und abgestanden.«
»Und wenn wir nicht so schnell gegangen wären, hätten wir womöglich auch noch zahlen müssen . . .«

■

Ein Mann sitzt im Restaurant und bestellt beim Ober eine Nudelsuppe. Der serviert die Suppe. Sagt der Gast: »Sie, in meiner Suppe, da raufen zwei Fliegen miteinander!«
»Na und«, meint der Ober, »glauben Sie, für drei Mark vierzig sehen Sie einen Stierkampf?!«

Technik

Ein Mann mit einem schiefen Mund erzählt seinem Freund, daß er sich ein Haus gebaut habe. Als der Freund vorbeikommt, um das Haus anzusehen, stellt er fest, daß alle Fenster und Türen schief sind. »Sag mal, meinst du nicht, daß die Fenster und Türen ein wenig schief sind? Wie hast du denn dein Haus gebaut?«
»Ach, einfach frei Schnauze . . .«

Ein Mann geht zum Tischler.
»Schneiden Sie mir bitte eine Kiste zu: vier Zentimeter hoch, drei Zentimeter breit und 20 Meter lang.«
»Das ist technisch unmöglich«, meint der Tischler.
»Aber sagen Sie mir doch bitte, wozu brauchen Sie denn so eine merkwürdige Kiste?«
»Mein Onkel hat sich von mir einen Gartenschlauch zum Geburtstag gewünscht, und den will ich ihm nett einpacken . . .«

Ein Großvater geht mit seinem Enkel in die Kirche. Nach einiger Zeit beginnt sich das Kind entsetzlich zu langweilen. Es zupft den Großvater am Mantel: »Du, Opa, was bedeutet denn das rote Lichtlein?«

»Das ist das Ewige Licht«, antwortet der Großvater. Ein paar Minuten später zupft der Kleine den Großvater wieder am Mantel: »Du, Opa, wenn es grün wird, gehen wir dann?«

■

Ein Ärztesymposium. Ein Amerikaner, ein Franzose und ein Tscheche unterhalten sich, welche Nation die größten Erfolge auf dem Gebiet der Chirurgie aufzuweisen hat.
Sagt der Amerikaner: »Meine Herren, wir haben in den Vereinigten Staaten die Chirurgie auf einen Kulminationspunkt gebracht. Vor zwei Monaten wurden einem Hundert-Yard-Läufer beide Beine von einem Zug abgetrennt. Die haben wir in einer achtstündigen Operation angenäht, und er trainiert heute schon wieder.«
Darauf der Franzose: »Mais naturellement, à Paris, wir haben auch die Chirurgie exquisit. Wir haben einen Pianospieler, der hatte beide Hände abgetrennt. Wir haben die Hände wieder angenäht in acht Stunden – der Mann spielt heute schon wieder ganz passabel ›Für Elise‹.«
»No«, sagt der Tscheche, »wir haben gemacht in Praha eine Mandelentfernung in acht Stunden.«
Sagt der Franzose: »Mein lieber Kollege, das ist unmöglich, Mandelentfernung machen wir in Paris in zehn Minüt oder, wenn ist compliqué, in halbe Stünd. Warum Sie brauchen acht Stünd für Mandelentfernung?«
»No, das war so: der Patient, was ist gewesen, der war Geheimnisträger. Der hat den Mund nicht aufmachen dürfen, also haben wir gemacht rektal . . .«

Tiere

Als Herr Müllerhuber morgens aufsteht und das Schlafzimmerfenster öffnet, sieht er in seinem Garten einen Pinguin stehen. Er reibt sich die Augen, der Pinguin steht noch immer da. »Mein Gott«, denkt er, »so viel habe ich doch gestern abend nicht getrunken.« Nach dem Frühstück und einer großen Tasse starken Kaffee schaut er wieder in den Garten. Der Pinguin steht immer noch da. Der Mann nimmt den Pinguin unter den Arm, geht zur Polizei und fragt: »Herr Wachtmeister, was soll ich denn mit dem Pinguin machen?«

»Das weiß ich auch nicht, am besten, Sie gehen mit ihm in den Tierpark.«
Also gut, der Mann geht mit dem Pinguin in den Tierpark. Am nächsten Tag sieht der Polizist den Mann immer noch mit dem Pinguin die Straße entlanglaufen. Er hält ihn an und fragt: »Was machen Sie denn immer noch mit dem Pinguin? Ich habe Ihnen doch gesagt, Sie sollen mit ihm in den Tierpark gehen.«
Darauf der Mann: »Im Tierpark waren wir gestern. Heute gehen wir ins Kino.«

Der Reporter einer Jagdzeitung macht einen Bericht über eine Treibjagd. »Und wie lange jagen Sie schon?« fragt er einen Teilnehmer. »Das ist heute das erstemal«, entgegnet dieser. Er fragt einen weiteren Jäger: »Wie lange jagen Sie denn schon?«

»Seit dreißig Jahren.«

»Und ist schon einmal etwas passiert?«

»Einen Schuß bekommt man schon einmal ab, ein bißchen Schrot im Hintern, das kann schon einmal vorkommen. Am Anfang hab ich ihn mir noch herausoperieren lassen, aber mittlerweile mach ich das schon nicht mehr.«

Der Reporter ist entsetzt: »Aber ist das nicht sehr schmerzhaft, haben Sie da keine Beschwerden?«

»Schmerzen, nein, hab ich keine, bloß schwimmen kann ich nicht mehr . . .«

Ein Bauer will seine Sau zum Eber bringen. In der Bauernzeitung liest er, daß es 5 km weiter einen Eber gibt, der dafür geeignet wäre. Der Bauer lädt die Sau also auf den Schubkarren und fährt mit ihr zum Eber. Am nächsten Tag beschließt er, vorsichtshalber mit ihr zu einem anderen Eber zu gehen, damit die Sache auch sicher klappt. In der Bauernzeitung wird ein zweiter Eber angeboten, »jung und springfreudig«. Der Bauer lädt also die Sau auf den Schubkarren und fährt mit ihr zum Eber. Tags darauf entdeckt der Bauer wieder ein Inserat in der Bauernzeitung: ein Eber, »alt, aber sehr erfahren«, wird angeboten. Der Bauer lädt also wieder die Sau auf den Schubkarren und fährt sie zum Eber.

Als der Bauer am nächsten Morgen aufsteht, schickt er seine Frau in den Stall, um nach der Sau zu sehen. Als sie zurückkommt, fragt er sie: »Na, sieht man schon was an der Sau?«

»Nein«, grinst die Frau, »aber sie liegt schon wieder im Schubkarren!«

Ein Mann fährt auf der Autobahn. Plötzlich sieht er hinter sich ein Huhn. Das Huhn legt den linken Flügel nach außen und überholt. Dann sieht der Mann, wie das Huhn den rechten Flügel nach außen legt und von der Autobahn abfährt. Er fährt aus Neugier dem Huhn nach und kommt zu einem Bauernhof. Er fragt nach dem Huhn. Der Bauer erklärt ihm: »Wir essen alle so gerne Hühnerkeulen, und deshalb haben wir Hühner mit drei Beinen gezüchtet.«

»Und«, will der Mann wissen, »wie schmecken sie?«

»Weiß ich nicht«, entgegnet der Bauer, »wir haben noch nie eins erwischt.«

Kinder

Papa kontrolliert die Aufgaben seines Sohnes. Ärgerlich sagt er: »In deinem Alter war George Washington Klassenbester!«
Darauf der Bub: »Ja, Papa, und in deinem Alter war er Präsident der Vereinigten Staaten!«

Die Lehrerin in der Schule fragt die Kinder: »Wer kann ein Gedicht machen, in dem ein See vorkommt?« Die Kinder überlegen eine Weile, dann meldet sich die kleine Vreni und sagt: »Es schwimmt ein Hund im Grundlsee, der reckt sein Schwänzchen in die Höh'.«
»Sehr schön«, sagt die Lehrerin. »Noch jemand?« Da meldet sich der kleine Fritz, der sonst nie etwas weiß. Die Lehrerin ruft ihn auf, und er sagt: »Frau Lehrerin, wenn ich in Ihre Augen seh, geht's mir wie'm Hund im Grundlsee.«

Ein Kannibale geht mit seinem Sohn auf Menschenjagd. Plötzlich sehen sie ein Kind vor sich. »Du, Papa«, sagt der kleine Kannibale, »den schnappen wir uns!«

»Nein, Bub«, sagt darauf der Vater, »der ist doch noch viel zu klein, da müssen wir noch etwas warten, bis der sich lohnt.« Sie suchen weiter, bis sie eine alte Frau sehen. »Du, Papa«, sagt der Bub wieder ganz aufgeregt, »die fressen wir aber jetzt!«

»Nein, Bub, die ist doch viel zu zäh!«

Sie gehen weiter, als sie plötzlich ein junges, hübsches Mädchen vor sich sehen. »Aber die fressen wir!« meint der Bub.

»Nein«, sagt darauf der Vater, »die nehmen wir mit nach Hause, und fressen tun wir die Mutter!«

Letzter Schultag vor den großen Ferien. Der kleine Hans kommt mit seinem Zeugnis nach Hause und zeigt es dem Vater. Deutsch: Eins, Mathematik: Eins, Sachkunde: Eins; nur in Religion eine Fünf. Völlig aufgebracht geht der Vater zum Pfarrer und fragt ihn: »Wie kommen Sie denn dazu, meinem Sohn eine Fünf zu geben? Das gibt es doch gar nicht, wo er sonst nur Einser hat.«

Sagt der Pfarrer: »Guter Mann, das hat schon seinen Grund. Ihr Sohn hat ja nicht einmal gewußt, woran Jesus gestorben ist.« Ruft der Vater: »Moment. Sie wissen genau, wir haben kein Telefon, kein Radio und kein Fernsehen. Wie sollen wir denn wissen, woran Jesus gestorben ist? Wir haben ja noch nicht mal gewußt, daß er krank war.«

Der Sohn kommt mit dem Zeugnis nach Hause. Er geht zum Vater: »Papa, ich muß dich etwas fragen. Wie lange bist du eigentlich schon aus der Schule?«

»Etwa 30 Jahre, Bub, wieso?«

Darauf der Bub: »Dann stimmt's. Der Lehrer hat nämlich gesagt: Seit 30 Jahren haben wir hier keinen solchen Deppen mehr gehabt wie dich.«

Sagt der Lehrer zum Schüler: »Schick doch bitte deinen Vater in die Schule, ich muß etwas mit ihm besprechen.«

Der Vater kommt am nächsten Tag und fragt: »Was gibt es, Herr Lehrer?« Der antwortet: »Herr Huber, Ihr Sohn hat ein ganz tolles Zeichentalent, den müssen wir auf eine höhere Schule schicken. Er hat an die Hauswand der Schule einen Geranientopf so echt hingemalt, daß ihn der Hausmeister fünf Tage lang gegossen hat, bevor er den Schwindel bemerkt hat.«

Der Vater nickt und sagt: »Das kenn ich, der Bua hat letzte Woche am Kachelofen eine Frauenbrust hingemalt, so echt, daß sich der Großvater dreimal die Finger verbrannt hat.«

In der Schule. Als die Lehrerin ins Klassenzimmer kommt, sieht sie unterhalb der Tafel auf dem Boden einen kleinen gelben See. »Kinder«, sagt die Lehrerin, »ich will jetzt nicht fragen, wer von euch das gemacht hat. Ich möchte vorschlagen, daß wir jetzt alle die Augen fest zumachen, und derjenige, der das getan hat, macht das auch ganz heimlich wieder weg.« Alle nehmen daraufhin die Hände vor die Augen, und man hört auch tatsächlich, wie jemand aufsteht und nach vorne geht. Dann hört man Kreide quietschen. Als alle wieder die Augen öffnen, sehen sie eine zweite Pfütze am Boden, und auf der Tafel steht: »Der unheimliche Pisser hat wieder zugeschlagen.«

Auf einem Bauernhof. Der 14jährige Sohn zum Vater: »Vati, Vati, ich möchte ein Moped haben!«
Darauf der Vater: »Bub, du bekommst dein Moped, aber erst muß ich den Traktor abbezahlen.«
Etwas später kommt der Zehnjährige: »Papa, Papa, ich möchte ein Fahrrad haben!«
»Bub«, sagt der Vater, »du bekommst dein Fahrrad, aber erst muß ich den Traktor abbezahlen.«
Enttäuscht geht der Zehnjährige über den Hof, als er plötzlich den Hahn auf der Henne sieht. Er gibt dem Hahn einen Fußtritt und sagt: »Und du kannst auch zu Fuß gehen, bis der Traktor abbezahlt ist!«

Der Sohn kommt von der Schule nach Hause.
»Du, Papa, wo liegt Kenia?«
Der Vater überlegt lange. »Kenia . . ., Kenia . . ., also weit kann es nicht sein, weil bei uns in der Arbeit ist einer aus Kenia, und der geht jeden Tag zum Mittagessen heim!«

■

Der Postbote klingelt an der Tür. Der kleine Franz öffnet. »Wo ist denn dein Papa?«
»Der ist im Schweinestall, gleich da hinten.«
Der Postbote macht sich auf den Weg. Schreit ihm der kleine Franz nach: »Der mit dem roten Käppi ist es!«

Die Kinder müssen einen Schulaufsatz schreiben: »Meine Sommerferien«. Der kleine Fritzi zeigt auf. »Frau Lehrerin, wie schreibt man bitte Sex?« Sie ist ein wenig verblüfft, erklärt es ihm aber. Ein paar Minuten später: »Frau Lehrerin, wie schreibt man bitte Genitalien?« Sie runzelt die Stirn, sagt es ihm dann aber. Dann hebt Fritzi wieder die Hand: »Bitte, wie schreibt man Sperma?« Die Lehrerin ringt nach Luft, beantwortet aber seine Frage. Als er sich mit hochroten Backen erkundigt, wie man Vorhaut schreibt, wird es der Lehrerin zu dumm.
»Was um alles in der Welt schreibst du denn da? Lies einmal vor!«
»Na gut«, meint der Fritzi unschuldig, »also: Meine Sommerferien. Wenn wir sechs im Urlaub gen Italien fahren, sperr'ma den Hund in den Kofferraum, damit's ihn net vorhaut!«

Beruf und Arbeit

Im Tierpark liegt eines Morgens der große Gorilla tot in seinem Käfig. Der Direktor wird gerufen, und als er die Bescherung sieht, denkt er: »Um Gottes willen, was sollen wir denn jetzt machen, wir können den Käfig doch nicht einfach leer lassen, wie sieht denn das aus.«

Er geht zu einem Tagelöhner und sagt: »Paß auf, wenn du dich im Affenkostüm in den Käfig setzt und immer schön rumturnst, wenn die Schulkinder kommen, bekommst du jeden Tag ein Gulasch und ein Bier dafür.«

Der Tagelöhner willigt ein und wird im Affenkostüm in den Käfig gesetzt. Am Nachmittag kommen die Schulkinder und wollen den Gorilla sehen. Der turnt wie ausgemacht in seinem Käfig herum, schwingt sich hin und her. Plötzlich reißt die Liane, an der er hängt, und er fliegt in hohem Bogen in den Nachbarkäfig – genau vor den Löwen. Der Löwe springt auf den falschen Gorilla zu, der kriegt einen Riesenschreck und will wegrennen. Da packt ihn der Löwe und flüstert ihm ins Ohr: »Stell dich doch nicht so an, ich arbeite doch auch für ein Gulasch und ein Bier!«

Ein Bauer hat eine Kuh, ein ziemlich abgemagertes, struppiges Tier. Als er einmal in Geldnöten ist, beschließt er, die Kuh zu verkaufen. Er fragt seine Freunde, wieviel er für das Tier verlangen kann.

»Geh doch nach Appenzell«, raten ihm die Freunde, »die Appenzeller kaufen alles.« Und um den Bauer auf den Arm zu nehmen, raten sie ihm, die Kuh doch für 1 Million Franken anzubieten. Der Bauer zieht los, kommt nach zwei Wochen wieder, und die Freunde fragen, wie es denn so geklappt hat mit dem Verkauf, ob er tatsächlich 1 Million Franken dafür bekommen hat.

»Natürlich«, erwidert der Bauer, »ich bin doch nicht blöd! Zwei Hühner hab ich für das Tier bekommen, das Stück für 500 000 Franken.«

Erzählt ein Geschäftsmann dem anderen: »Stell dir vor, was mir neulich passiert ist: Bei meinem 25jährigen Betriebsjubiläum spricht mich doch tatsächlich meine neue Sekretärin an, ob ich auf einen Cognac zu ihr nach Hause gehen will. Ich habe natürlich sofort eingewilligt. Und als ich zu ihr nach Hause komme, bietet sie mir einen Cognac an und dann sagt sie: ›Ich geh schon mal ins Schlafzimmer, wenn Sie sich noch etwas frischmachen möchten und dann nachkommen wollen . . .‹ Ich natürlich sofort ins Bad, dann ins Schlafzimmer, steht da die ganze Belegschaft, der Prokurist, der Geschäftsführer, meine Frau und unser Hauptaktionär und beglückwünschen mich zu meinem Jubiläum. War das peinlich!«

»Wieso peinlich?« fragt der andere, »das war doch eine sehr nette Idee, dich so zu überraschen!«

»Das schon, aber ich war der einzige, der nackt war.«

Treffen sich zwei Frauen. Sagt die eine: »Sagen Sie, was arbeitet Ihr Mann eigentlich?«
»Ach, der arbeitet in einer Automobilfirma am Band.«
»Merkwürdig, meiner arbeitet auch in einer Automobilfirma, aber der darf frei rumlaufen!«

Drei Lehrer, einer von der Hilfsschule, einer von der Hauptschule und einer vom Gymnasium, zechen ordentlich miteinander. Als sie nach Hause fahren, werden prompt alle drei von der Polizei erwischt und sind ihren Führerschein los. Sie treffen einander und beratschlagen, wie sie ihre Führerscheine zurückbekommen könnten.
»Einer von uns muß reingehen und um die Führerscheine bitten«, entscheiden sie. Sie schicken den Gymnasiallehrer rein, der kommt nach kurzer Zeit wieder zurück – nichts.
Sie schicken den Hauptschullehrer rein, auch er kommt nach kurzer Zeit wieder zurück – nichts.
Schließlich schicken sie den Hilfsschullehrer rein, der bleibt einige Zeit drin, und als er zurückkommt, hat er die drei Führerscheine dabei.
»Wie hast du das gemacht?« wollen die anderen wissen.
»Ganz einfach«, sagt der Hilfsschullehrer, »die waren alle bei mir in der Schule!«

Eine Kaufhauskette sucht einen Nachtwächter und annonciert in der Zeitung. Weil sich so viele Bewerber melden, soll der fähigste Mann durch eine Prüfung ermittelt werden.

Einer der Kandidaten, der nicht ganz richtig im Kopf ist, aber unbedingt Nachtwächter werden möchte, sagt zu einem anderen: »Wenn du vor mir zur Prüfung gehst, sag mir doch bitte die Antworten!« Der erste Bewerber geht in den Prüfungsraum, der Prüfer beginnt mit den Fragen.

»Wie lange dauerte der Erste Weltkrieg?«

»14 bis 18.«

»Zweite Frage: Wer hat die Chinesische Mauer gebaut?«

»Angefangen hat Ling, fertiggestellt hat sie Chang.«

»Dritte Frage: Gibt es Ufos?«

»Es ist möglich, aber nicht bewiesen.«

Der Kandidat verläßt das Zimmer und flüstert dem anderen Bewerber die richtigen Antworten zu.

Der geht siegessicher zur Prüfung, der Prüfer beginnt: »Wann sind Sie geboren?«

»14 bis 18.«

»Wie heißt Ihr Vater?«

»Angefangen hat Ling, fertiggestellt hat es Chang.«

»Sagen Sie mal, sind Sie nicht ganz richtig im Kopf?!«

»Das ist möglich, aber nicht bewiesen . . .«

Ein Bauer in einem kleinen Bergdorf in der Schweiz hat eine wackelige Holzbank. Er beschließt, endlich einmal in die Stadt zu fahren, um eine neue zu kaufen. »Nimm den Willi mit«, rät ihm seine Frau, »der kann dir beim Tragen helfen.«

»Aber der Willi hat so furchtbar lange Haare«, meint der Bauer, »den mag ich nicht mit in die Stadt nehmen.«

»Dann nimm die Mütze vom Ernst und steck die Haare drunter«, rät ihm die Frau.

Willi und der Bauer fahren also in die Stadt. Dort sehen sie viele Häuser, auf denen überall ›Bank‹ steht. »Siehst, Willi, hier sind wir richtig.« Sie gehen in ein solches Gebäude, der Bauer sagt höflich: »Guten Tag, ich möchte gerne eine Bank kaufen.«

»Ist das Ihr Ernst?!«

»Nein, das ist der Willi, der hat nur die Mütze vom Ernst auf.«

Ein Arbeitsloser geht zum Arbeitsamt, wo er prompt die Adresse einer Firma bekommt, die Arbeitskräfte sucht. Am nächsten Tag erscheint er jedoch wieder am Arbeitsamt. »Und«, fragt ihn der Beamte, »was war es diesmal? War die Arbeit zu schmutzig, zu schlecht bezahlt?«

»Nein«, sagt der Arbeitslose, »als ich hinkam, hing da ein Schild ›Arbeitskräfte beiderlei Geschlechts gesucht‹. Jetzt frage ich Sie, wer hat denn das schon?!«

Im Kloster wird gebaut. In der Küche bleibt jede Menge Suppe übrig. Die Oberin schickt die Küchenschwester mit der Suppe zur Baustelle, um sie an die Arbeiter zu verteilen. Überlegt die Schwester: »Bevor ich den Arbeitern die Suppe gebe, möchte ich doch wissen, wie es um ihren Glauben steht.«

Als erstes trifft sie den Polier. Sie fragt ihn: »Kennen Sie den Pontius Pilatus?« Der Polier schreit nach oben: »Kennt einer den Pontius Pilatus?«

»Warum?« tönt es zurück.

»Seine Alte ist da und bringt ihm das Essen!«

Ein Appenzeller trifft auf einen Schäfer.

Sagt der Appenzeller: »Wenn ich dir sagen kann, wie viele Schafe du hast, bekomme ich dann ein Schaf von dir?«

»Gut«, sagt der Schäfer.

Sagt der Appenzeller: »Also, du hast 472 Schafe.«

Der Schäfer ist verblüfft, denn die Zahl stimmt genau.

Der Appenzeller nimmt also ein Schaf und legt es sich um die Schultern.

Meint der Schäfer: »Wenn ich dir sagen kann, woher du kommst, bekomme ich dann mein Schaf wieder?«

»Gut«, sagt der Appenzeller.

»Also, du kommst aus Appenzell!«

Der Appenzeller ist verblüfft. »Stimmt! Aber wie bist du darauf gekommen?«

»Ganz einfach«, sagt der Schäfer, »du hast meinen Hund auf der Schulter . . .«

Medizin

Ein Mann trifft einen Freund auf der Straße. »Du siehst aber schlecht aus«, meint er besorgt. Antwortet der andere: »Mir geht's auch gar nicht gut, ich habe psychische Probleme, ich bin Bettnässer.«

»Dann solltest du zum Therapeuten gehen, ich habe da eine ausgezeichnete Adresse. Dieser Mann wird dir bestimmt helfen.«

Nach kurzer Zeit treffen die beiden Freunde einander wieder. Sagt der mit den Problemen: »Ich muß dir sagen, es geht mir wirklich besser, die Therapie hat geholfen.«

Sagt der andere: »Ich wußte doch, daß du dein Bettnässen in den Griff bekommst.«

»Nein, nein, so ist es nicht. Aber jetzt macht es mir wenigstens Spaß!«

Eine alte Frau sammelt im Wald Holz. Da erscheint ihr eine gute Fee und will ihr drei Wünsche erfüllen. Die Frau wünscht sich, daß das Holz in ihrem Bündel zu Gold werde, daß sie wieder jung und schön werde und daß sich ihr Kater in einen schönen Prinzen verwandeln möge. Sie geht nach Hause, alle Wünsche gehen in Erfüllung.

Das Holz ist zu Gold geworden, die Frau ist jung und hübsch. Ein schöner Prinz umarmt die Frau und meint: »Gell, Mutterl, jetzt tut's dir schon leid, daß du mich letzte Woche kastrieren hast lassen!«

Frau Meier hat Probleme mit ihrem Kreislauf und muß zum Doktor. Sie hat aber Angst davor und bittet ihren Mann, sie zu begleiten.

Sie gehen zum Doktor, der schaut sich die Frau Meier an und sagt zu ihrem Mann: »Sie, Herr Meier, Ihre Frau gefällt mir überhaupt nicht.« Daraufhin Meier: »Was soll ich machen, mir auch nicht, aber sie ist gut zu den Kindern.«

■

Ein Chefarzt läuft den Gang seiner Station entlang und begegnet einem Patienten, dem er strengste Bettruhe verordnet hat. »Mein Gott«, ruft er aus, »wollen Sie sich eine Lungenentzündung holen?«

»Nein«, antwortet der Patient, »nur eine Cola.«

Eine Frau geht zum Arzt und sagt: »Ach Herr Doktor, können Sie mir nicht helfen? Mein Busen ist so klein!«

Darauf der Arzt: »Kein Problem, es gibt eine ganz neue Methode aus Amerika. Sie müssen nur einmal am Tag die Arme vor der Brust überkreuzen und laut sagen: Backe, backe Kuchen. Sie werden sehen, wie das wirkt. Die einzige Bedingung ist, daß sie es täglich pünktlich um 16 Uhr machen, sonst schlägt die Behandlung nicht an.«

Die Dame macht also, was ihr der Arzt gesagt hat, und es stellt sich schon langsam Erfolg ein. Eines Tages aber hat ihr Zug Verspätung, und sie sitzt noch im vollen Abteil, als es 16 Uhr ist. Die Toilette ist besetzt, es gibt keine Möglichkeit, sich zurückzuziehen, also überkreuzt sie einfach die Arme vor der Brust und murmelt: »Backe, backe Kuchen.« Daraufhin springt der junge Mann, der ihr gegenüber sitzt, erschrocken auf und ruft: »Was, schon vier? – Hänschen klein . . .«

Kommt ein Patient zum Spezialisten. »Herr Doktor, mit meinen Füßen stimmt was nicht, können Sie sie bitte einmal anschauen?« Er zieht seine Schuhe und Strümpfe aus.

»Mei, haben Sie aber dreckige Füß'!« sagt der Arzt. »Die müßten Sie einmal waschen!«

»Sehen Sie«, sagt darauf der Mann, »das hat mein Hausarzt auch gesagt, ich wollte aber doch einen Spezialisten befragen . . .«

■

Ein Arzt ruft spät in der Nacht einen Installateur an, weil in seinem Keller ein Rohr geplatzt ist.

»Sind Sie wahnsinnig«, schreit der Installateur, »wissen Sie eigentlich, wie spät es ist?«

»Natürlich«, meint der Arzt beleidigt, »aber ich muß ja bei einem Notfall auch in der Nacht zu meinen Patienten.«

Wutschnaubend kommt also der Installateur, wirft zwei Dichtungsringe in den Keller und sagt: »So, das wär's, und wenn es morgen noch nicht besser ist, rufen Sie mich wieder an!«

Oma wird beim Spaziergang von einem tollwütigen Fuchs gebissen. Sie wird in ein Krankenhaus gebracht und verlangt plötzlich nach Papier und Bleistift. Meint der Arzt: »Sie brauchen doch nicht Ihr Testament schreiben.« Darauf Oma: »Nein, ich schreibe mir nur auf, wen ich beißen möchte!«

Zwei Männer treffen sich im Himmel. Fragt der eine: »Woran bist du denn gestorben?«
»Ich bin erfroren, und du?«
»Ach, ich bin an einem Herzinfarkt gestorben.«
»Wie kam denn das?«
»Stell dir vor, mich ruft in der Arbeit ein Freund an und sagt: ›Bei deiner Frau ist einer.‹ Ich rase heim, ins Schlafzimmer, schau unters Bett, in den Schrank, nichts. Saus in die Küche, nichts, saus in den Keller, nichts, lauf die Treppe wieder hoch, plötzlich wird mir schlecht, und ich hab einen Herzinfarkt.«
»Du Trottel«, sagt der andere, »hättest du in der Küche in die Tiefkühltruhe geschaut, könnten wir beide noch leben!«

Ein schwerer Verkehrsunfall auf der Ostautobahn. Ein Mann wird auf der Krankenbahre weggetragen und jammert: »Mei Porsche, mei Porsche!«

Meint der Arzt: »Denken Sie doch jetzt nicht an Ihr Auto, Sie sind schwer verletzt, Mann, Sie haben Ihren linken Arm verloren.«

Darauf der Mann entsetzt: »Mei Rolex, mei Rolex!«

Ein Mann soll operiert werden, ist aber sehr nervös. »Kennen Sie sich denn auch wirklich aus, Herr Professor?« will er wissen. »Ja sicher«, antwortet der Arzt, »die Operation habe ich schon 125mal gemacht.«

»Da bin ich ja beruhigt.«

»Ja, ich auch, einmal muß es ja klappen.«

■

Zwei Väter sprechen über ihre Söhne. Sagt der eine Vater zum anderen: »Meiner studiert Medizin.«

Sagt der andere: »Tja, kranke Leute gibt es immer wieder. Aber mein Sohn studiert Wirtschaftskunde.«

Sagt darauf der erste: »Das ist auch gut. Gesoffen und gefressen wird auch immer.«

Auto

Verkehrskontrolle: Der Polizist hält eine Autofahrerin an, geht um den Wagen herum und betrachtet eingehend die Reifen. »Ich muß schon sagen«, wendet er sich an die Fahrerin, »Sie haben ein saumäßiges Profil.«
»Unverschämtheit!« zischt die Frau. »Sie sehen auch nicht gerade gut aus!«

Frau Meier hat erst vor kurzem ihren Führerschein gemacht. Jetzt steht sie vor der Ampel und bekommt den Wagen nicht wieder in Gang. Es wird rot, gelb, grün, gelb, wieder rot. Ein Polizist, der sie beobachtet hat, klopft an das Autofenster. Ängstlich kurbelt Frau Meier das Fenster herunter. »Na, Gnädigste«, sagt der Polizist höflich, »haben wir denn gar keine Farbe, die Ihnen zusagt?«

Ein Porschefahrer hält an einer Tankstelle, um zu tanken. Als er weiterfährt, bemerkt er ein winziges Mofa neben sich. »Na, dir werd ich's zeigen«, denkt er und gibt Gas. Er fährt 50, das Mofa bleibt auf gleicher Höhe. »Na warte«, murmelt der Porschefahrer und beschleunigt auf 80. Das Mofa zieht mit. »Unglaublich . . .«
Der Porschefahrer fährt 100, das Mofa bleibt neben ihm. Der Porschefahrer fährt 140, das Mofa bleibt neben ihm. 160, 180, das Mofa fährt mit. Der Porschefahrer ist völlig mit den Nerven herunter. Er öffnet das Seitenfenster und brüllt dem Mofafahrer zu: »Wohl den Tiger im Tank, was?!«
»Nein, Jacke eingeklemmt!«

■

Die Polizei hält einen völlig betrunkenen Fahrer auf: »Geben Sie mal Ihren Führerschein her.«
Lallt der Betrunkene: »Was soll das, den habt Ihr mir doch letzte Woche abgenommen, habt Ihr ihn schon wieder verschlampt?«

Ein Autoverkäufer trifft einen guten Freund. Dieser bittet ihn, sein Auto zu verkaufen, das schon 12 Jahre alt ist und 134 000 km auf dem Tacho hat. Der Verkäufer willigt schließlich unter der Bedingung ein, daß der Mann den Tacho des Wagens auf 24 000 km herunterdreht. Nach ein paar Tagen treffen die beiden einander wieder, und der Autoverkäufer erklärt sich bereit, das Auto zu einem Gnadenpreis zu verkaufen. Lehnt der Besitzer entrüstet ab: »So billig verkaufe ich doch kein Auto, das erst 24 000 km auf dem Tacho hat!«

■

Alkoholkontrolle. Der betrunkene Fahrer zum Polizisten: »Gute Idee. Schauen Sie bitte Wasser und Öl auch gleich nach.«

Zwei Irre haben ein Lenkrad gefunden. »Brumm«, sagen sie und biegen zu einer Tankstelle ein. »Volltanken, bitte!«

Sagt der Tankwart: »Ihr habt wohl eine Schraube locker!«

Darauf der eine Irre zum anderen: »Siehst du, kaum hast du ein Auto, gehen auch schon die Reparaturen los!«

Ein Bauer aus einem sehr kleinen Dorf kommt in die Stadt und nimmt ein Taxi. Da er von daheim nur seinen Traktor kennt, betrachtet er alles im Auto ganz genau.

»Sagen Sie, wozu sind denn diese Knöpfe da?«

»Sagen Sie, wozu ist denn dieser Hebel da?«

»Sagen Sie, wozu ist denn diese Kurbel da?«

Dem Taxifahrer geht die Fragerei ganz schön auf die Nerven, er beantwortet aber alle Fragen. Schließlich entdeckt der Bauer den Stern auf der Motorhaube.

»Sagen Sie, wozu ist denn dieser Stern da?«

Dem Fahrer reißt die Geduld, und er knurrt:

»Das ist eine Zielvorrichtung, mit der peile ich die Fußgänger an, damit ich sie auch wirklich treffe.«

In diesem Moment läuft ein Passant über die Straße, der Fahrer kann gerade noch ausweichen, hört aber einen dumpfen Knall.

Sagt der Bauer: »So ein Glück, wenn ich jetzt net die Tür aufg'rissen hätt', hätt' ma den nimmer derwischt!«

Ein Preuße und ein Allgäuer sitzen im Autobus. Der Allgäuer ißt genüßlich eine Handvoll Apfelkerne und erklärt, die seien gut fürs Gehirn. Daraufhin kauft ihm der Preuße 10 Apfelkerne für zwei Mark fünfzig ab. Er ißt einige davon und sagt dann: »Mensch! Für zwei Mark fünfzig hätte ich mir doch 5 Pfund Äpfel kaufen können!« Darauf der Allgäuer: »Siehste, es wirkt schon!«

Treffen sich zwei Freunde. Klagt der eine über seine Schwiegermutter. Rät ihm der andere: »Kauf ihr doch einen GTI. Die Dinger sind so schnell und gefährlich, vielleicht löst sich dein Problem von selbst.«
Kurze Zeit später treffen sich die beiden wieder. »Ach«, seufzt der eine, »es hat nicht geklappt.« Sagt der andere: »Dann versuch's doch mit einem Porsche!«
Wieder einige Zeit später. »Ach«, jammert der eine, »es hat noch immer nicht geklappt.«
»Dann kauf ihr doch einen Jaguar!«
Nach mehreren Wochen trifft man sich zufällig wieder, der eine Freund strahlt und sprüht vor Lebenslust. »Na«, sagt der andere, »hast du meinen Rat befolgt?«
»O ja, deine Idee mit dem Jaguar war hervorragend! Ein Sprung – ein Biß – und weg war sie!«

Ein Mann will die Straße überqueren. Plötzlich hört er eine Stimme: »Vorsicht, ein Auto!« Er bleibt stehen, tatsächlich braust ein Auto an ihm vorbei. Der Mann macht wieder einen Schritt vor, als er wieder eine Stimme hört: »Vorsicht, ein Autobus!« Wirklich braust ein Autobus vorbei.

Der Mann ist ganz erstaunt. »Ja, wer spricht denn da?«

»Ich bin's, dein Schutzengel!« Tatsächlich sitzt ein kleines Männchen auf der Schulter des Mannes.

»Und was kannst du alles?«

»Ich kann alle Gefahren voraussehen und dich beschützen«, sagt das Männchen stolz. »Soso, dann kannst du dich sicher auch auf meine Hand setzen.« Das Männchen läuft den Arm des Mannes entlang und setzt sich auf seine Hand. »Ja und?«

»So«, knurrt der Mann, macht eine Faust und schlägt mit der anderen Hand auf das Männchen ein, »jetzt sag doch einmal: Wo warst du denn, als ich geheiratet habe?!«

Ein Mann steigt in ein Taxi, der Chauffeur fährt los. Nach fünf Minuten fällt dem Fahrgast ein, daß er noch etwas vergessen hat. Er tippt den Fahrer von hinten an, der unheimlich erschrickt. Fragt der Fahrgast: »Habe ich Sie so sehr erschreckt?«

Antwortet der Fahrer: »Ja, ich war bis gestern Leichenfahrer.«

Ein Mann fährt abends in Schlangenlinien die Straße entlang und wird von der Polizei angehalten. »Guten Abend, haben Sie etwas getrunken?«

»Nein, ich hab nichts getrunken.«

»Na, das wollen wir doch mal sehen. Blasen Sie bitte mal in das Röhrchen.«

»Nein, ich blas da nicht rein.«

»Na gut, dann müssen wir eben eine Blutprobe machen.«

»Nein, ich laß mir kein Blut abzapfen.«

»Ja, was sollen wir denn dann machen, einen Intelligenztest vielleicht?«

»Selbstverständlich.«

»Na gut. Passen Sie auf: Ich sage einen Autokonzern, und Sie antworten mit einer Typenbezeichnung. Ich gebe Ihnen ein Beispiel: Ich sage ›VW‹, Sie sagen ›Golf‹, oder ich sage ›Mercedes‹, Sie sagen ›390‹.«

»Alles klar.«

»Also gut. Die erste Frage: Jaguar?«

»Februar.«

Der Herr Tobler fährt im dichten Nebel über die Landstraße. Plötzlich sieht er vor sich zwei Rücklichter.

Denkt er: »Dem werde ich einfach nachfahren, ich fahr ganz dicht ran und häng mich dran.«

Er fährt und fährt ohne Probleme durch den Nebel, als sein Vordermann plötzlich bremst. Es gibt einen Auffahrunfall.

Herr Tobler steigt aus, geht auf den Fahrer des Fahrzeuges zu und sagt: »Was bremsen Sie denn so plötzlich, sind Sie verrückt?!«

Daraufhin der andere: »Entschuldigen Sie mal, in meiner Garage kann ich machen, was ich will!«

Prominente erzählen ihre Lieblingswitze

Erika Berger

Eine Katze kommt in den Himmel. Petrus öffnet die Tür und sagt zu ihr: »Du warst eine sehr liebe Katze und hast den Menschen viel Freude gemacht. Dafür darfst du dir jetzt etwas aussuchen.«

Die Katze schaut sich um und meint: »Ich hätte gerne diese rosarote Wolke. Auf der möchte ich liegen.«

Petrus ist einverstanden, die Katze legt sich auf die Wolke.

Ein paar Tage später kommt eine ganze Schar Mäuse in den Himmel. »Auch mit euch hat es nie Schwierigkeiten gegeben«, sagt Petrus, »kommt herein, ihr dürft euch etwas aussuchen.« »Oh, fein«, quieken die Mäuse, »wir wünschen uns Rollschuhe. Noch nie haben wir Rollschuhe gehabt, und immer haben wir uns welche gewünscht!«

Petrus gibt ihnen also Rollschuhe.

Eine Woche später macht Petrus einen Rundgang, um nach seinen Schützlingen zu sehen. Die Katze liegt dick und fett auf ihrer rosaroten Wolke. »Na«, sagt Petrus, wie geht's denn?«

»Wunderbar«, seufzt die Katze, »es ist wirklich himmlisch. Ich liege den ganzen Tag hier auf meiner rosa Wolke, ich kann alles beobachten, und jeden Tag gibt es Essen auf Rädern . . .«

■

Christine Neubauer

Hängen zwei Birnen im Baum.
Sagt die eine zur anderen: »Ach, mir ist heute wieder furchtbar langweilig.«
Sagt die andere: »Mir nicht, ich hab einen Wurm drin . . .«

■

Dagobert Lindlau

Da stehen drei an einer Ecke beisammen und schimpfen wie üblich über die Politik, über Abgaben und Steuern.
Sagt schließlich der eine: »Jaja, a Anarchie müßt' her, a Anarchie müßt' ma haben!«
»Mhm«, meint der andere, »mit einem solchen Anarchen an der Spitze . . .«

Chiem van Hoeweninge

Ein Mann kommt in einen Schuhladen.
»Ich möchte gerne Schuhe haben.«
»Aber sicher«, sagt der Verkäufer. »Welche Größe denn?«
»Dreiundvierzig.«
Der Verkäufer bringt die Schuhe, sie sind zu klein.
»Sie haben ja gar nicht Größe dreiundvierzig, das ist mindestens vierundvierzig.«
»Jaja, ich weiß, geben Sie mir trotzdem die kleinen.«
»Um Himmels willen, warum denn?«
»Wissen Sie, mir geht es so schlecht. Meine Frau ist abgehauen, meine Tochter weggelaufen, mein Sohn ist arbeitslos, ich bin entlassen worden, kann meine Miete nicht bezahlen, betrinke mich – und dann, wenn ich abends heimkomme und ich ziehe meine Schuhe aus, kann ich endlich einmal sagen: ›Mein Gott, ist das lecker!‹«

Fritz Egner

Zwei Zwerge sitzen im Wald auf einem Baumstamm, schauen einander an, aber es fällt kein Wort. Nach zwei Stunden ist noch immer totale Stille. Drei Stunden – kein Wort fällt.
Ein halber Tag ist vorbei, plötzlich kommt ein dritter Zwerg, setzt sich dazu und sagt: »Hey!«
Steht der eine Zwerg auf und sagt: »Komm, gehn wir, der redet uns zuviel . . .«

■

Peter Cornelius

Der Blau trifft den Grün und sagt: »Du, das ist schön, daß ich dich treffe, so ein schöner Zufall. – Paß auf, ich hab Geburtstag morgen, und da lad ich dich ein, kommst mich besuchen am Abend. Du weißt ja, in der Wallensteinstraße wohn ich, da kommst morgen hin. Läutest unten an mit dem Ellenbogen, auf Nummer neunzehn, ich hör dich, drück auf den Knopf, die Tür geht auf. Du gehst rein, drückst mit dem Ellenbogen auf den Fahrstuhlknopf, der Fahrstuhl kommt, drückst mit dem Ellenbogen auf den dritten Stock, da fährt er dann hin, drückst mit dem Fuß die Fahrstuhltür auf und steigst aus, gehst zur Nummer neunzehn, läutest an mit dem Ellenbogen – na, und da bin ich dann schon, und wir verbringen einen wunderschönen Abend miteinander.«
»Naja«, sagt der Grün, »aber das ist ein bisserl komisch, wie du das schilderst. Warum soll ich denn diese Verrenkungen machen, mit dem Ellenbogen und mit dem Fuß?«
»Na, ich bitte dich, wenn ich Geburtstag habe, wirst du doch nicht mit leeren Händen kommen?!«

Gerhard Schmitt-Thiel

Heißer Sommertag, die Luft flimmert, am Hühnerhof ist alles ruhig, kein Federvieh, nichts draußen, alles ist im Schatten, so heiß ist es. Plötzlich ein Krach, der Hühnerschlag wird aufgerissen, raus rennt der Hahn, rast über den Hühnerhof und schreit: »Ich habe mich geirrt, ich habe mich geirrt!«
Gleich darauf geht wieder die Tür auf, kommt die Ente heraus und sagt: »Das macht nichts, das macht nichts . . .«

■

Vera Tschechowa

Ein kleiner Bub bekommt Geschwisterchen: ein Zwillingspärchen.
Er guckt die beiden ganz genau an, dann geht er zu seiner Mama und sagt: »O.k., Mama, einen davon können wir behalten . . .«

Frank Hoffmann

Zwei Haie schwimmen hinter dem Traumschiff her. »Mhmm«, macht der eine Hai, »mhmm . . .«
»Was hast du denn«, fragt der andere, »was machst du denn da dauernd?«
Darauf der erste Hai: »Mhmmm, ich hatte ein wunderbares Frühstück.«
»So? Was denn?«
»Vorhin ist ein Schauspieler über Bord gegangen – ich sage dir . . . kein Rückgrat, aber so 'ne Leber!«

■

Barbara Stöckl

Zwei Yetis am Himalaja.
Sagt der eine zum anderen: »Du, gestern hab ich den Reinhold Messner gesehen!«
Sagt der andere: »Was, den gibt's wirklich?«

94

Annette von Aretin

Die kleinen Mäusekinder spielen vorm Mauseloch in der Sonne.

Plötzlich ein Schatten: die Katze! Die Mäusekinder sausen ins Loch. »Mama, Mama, die Katze!«

»Kein Problem«, sagt die Mäusemutter, steckt den Kopf aus dem Mausloch und bellt: »Wau, Wau!«

Die Katze kreischt und flüchtet. »Seht ihr, Kinder«, sagt die Maus, »wie gut es ist, wenn man Fremdsprachen beherrscht . . .«